Märchen von starken Frauen

Zusammengestellt von
Monika Kühn

dtv

Deutscher Taschenbuch Verlag

Ebenfalls von Monika Kühn herausgegeben:
Sagenhaft starke Frauen (11644)

Originalausgabe
Oktober 1991
6. Auflage November 1995
Deutscher Taschenbuch Verlag GmbH & Co. KG,
München

(Siehe auch Quellenhinweise S. 233 ff.)
Umschlaggestaltung: Büro X
Illustration: Detlev Kellermann
Gesetzt aus der Sabon 11/13 Punkt
Gesamtherstellung: C. H. Beck'sche Buchdruckerei,
Nördlingen
Printed in Germany · ISBN 3-423-12107-6

Inhalt

Vorbemerkung

Märchen von starken Frauen? Sind es nicht gerade immer die männlichen Helden, die sich in den Märchen durch Mut, Kraft, Ausdauer und Tüchtigkeit auszeichnen? Die Mädchen und Frauen aber sind oft keine selbstbewußten oder liebenswerten Geschöpfe: Entweder wollen sie ihre Stieftöchter töten, kleine Kinder fressen, zum Schaden aller Beteiligten zaubern, was das Zeug hält, und sind unmäßig und hinterlistig, oder sie sind schöne, aber hilflose Opfer, die aus Drachenklauen befreit oder wachgeküßt werden müssen und ungestraft mißhandelt werden können. Alle tiefenpsychologischen und kulturhistorischen Interpretationen dieses Sachverhalts und auch die Tatsache, daß am Ende immer das sogenannte Gute siegt, können nicht darüber hinwegtrösten, daß diese bösen Weiber und transusigen Prinzessinnen zur Identifikation nicht so recht geeignet sind.

Sollte es so wenige kluge und mutige Frauen gegeben haben, als die Märchen entstanden? Auf keinen Fall!

Aber die Märchen spiegeln die Stellung der Frau in der Gesellschaft wider, und das war und ist fast immer eine Männergesellschaft! Die Frauen mußten hinter den Männern zurückstehen, sie durften nur selten ein öffentliches Amt bekleiden, sie kamen aus der »Obhut« des Vaters in die des Ehemannes. Doch so, wie es in der Geschichte aller Kulturen große Frauen gab, die aus den vorgegebenen Bahnen ausbrachen, so gibt es auch in den Märchen aller Völker die klugen, starken, gewitzten und souveränen Frauen, die mit Verstand, Kraft und Gefühl ihren eigenen Weg gehen.

Es gab abendländische Königinnen und islamische Herrscherinnen, es gab Piratinnen und Heerführerinnen, Dichterinnen und Seherinnen. Und so sind diese Märchenfrauen auch – selbstbewußt und unerschrokken. Sie warten nicht auf den Prinzen, sie nehmen ihr Schicksal selbst in die Hand. Sie haben große körperliche Kraft und kämpfen mit der Waffe wie ein Mann, oder sie sind klug und listig und wissen so ihren Willen durchzusetzen. Andere Frauen haben magische Kräfte und seherische Fähigkeiten, oder sie sind stark in ihren Gefühlen, in Liebe, Leidenschaft und Treue.

Diese Sammlung stellt einen Reigen solcher Märchenfrauen zusammen, der zwanglos durch die Kulturen der Völker führt.

Monika Kühn

Die sieben Schwestern

In einer gestirnten mondlosen Nacht verwandelten sich sieben Wölfe in sieben junge Männer und stiegen den Berg hinab, um nach Futter zu suchen.

Am Abhang des Berges wohnten sieben Mädchen, die die meiste Zeit mit Spinnen zubrachten. Die sieben Wölfe sahen die sieben Mädchen durch eine kleine Spalte in der Holzwand und pochten an die Tür des Hauses. Als die Mädchen die fremden Gesichter sahen, wagten sie nicht, die Tür zu öffnen. Da riefen die Wölfe: »Wir haben den Weg verloren und sind sehr hungrig. Können wir heute nacht nicht bei euch bleiben?«

Die Schwestern antworteten: »Das ist nicht gut möglich, unsere Eltern sind fort. Geht doch etwas weiter zu einem anderen Haus!« Die Wölfe ließen aber nicht locker: »Wir wollen gar nicht die ganze Nacht bleiben. Wir sind nur sehr müde. Könnten wir uns nicht wenigstens etwas ausruhen?« Als die Mädchen das hörten, fühlten sie sich doch verpflichtet, die Tür zu öffnen und ihre Gäste hereinzubitten.

Die ältere Schwester bot den Gästen nun Stühle an, entdeckte aber, daß alle Schwänze hatten. Der Schreck war ihr in die Glieder gefahren, und ohne ein Wort zu sagen, schlüpfte sie aus dem Haus. Als die zweite Schwester den Gästen Wasser zu trinken gab, sah sie, daß deren Hände ganz mit Fell bedeckt waren. Sie erschrak ebenfalls gewaltig, und ohne die anderen zu warnen, suchte sie heimlich ebenfalls das Weite.

Als die dritte Schwester Wasser in ein Becken füllte, damit sich die Gäste die Füße waschen konnten, bemerkte sie, daß deren Füße mit Pelz bedeckt waren. Sie war gleichfalls sehr erschrocken, und ohne etwas zu sagen, huschte sie leise aus dem Haus. Die vierte Schwester bot den Gästen Reiskuchen an. Da bemerkte sie in jedem Kuchen zehn kleine Löcher, die von den Pfoten herrührten. Das jagte ihr solchen Schreck ein, daß sie die Kuchen auf den Boden fallen ließ.

Die Wölfe hatten sich noch gar nicht hingesetzt und auch noch kein Wasser getrunken. Anstatt dies nun zu tun und die Füße zu waschen und die Reiskuchen zu essen, gingen sie auf die Mädchen zu und fragten mit drohendem Unterton:

»Was ist eigentlich mit euch los?«

Die vierte Schwester wollte schreien und weglaufen, aber sie war zu verängstigt, um eines von beidem zu tun.

Sie sammelte nur die Reiskuchen auf und ging zurück zu ihrem Spinnrad.

Dann setzten sich die sieben Wölfe nieder, tranken Wasser und begannen, die Füße zu waschen und die Reiskuchen zu essen. Das Surren des Spinnrades hörte sich an wie das leise Seufzen einer Frau. Während sie still vor sich hin weinte, flüsterte die vierte Schwester den drei jüngeren Mädchen zu: »Es sind Wölfe, die sich als junge Männer verkleidet haben. Sie wollen uns fressen.« Die jüngere Schwester begann zu schluchzen, weil sie viel zu ängstlich war, um laut zu schreien und zu heulen.

Die jüngste Schwester sagte zur sechsten: »Du bist älter als ich, du mußt mich retten!«

Und die sechste wandte sich zur fünften Schwester und sagte:

»Du bist älter als ich. Deine Pflicht ist es, uns aus dieser Falle zu befreien!«

Die »fünfte«, die auch nicht wußte, was sie tun sollte, wandte sich zur vierten Schwester und sagte: »Du bist älter als ich, du mußt dir etwas ausdenken, wie wir hier herauskommen!«

Die »vierte« wußte, daß sie vor diesen Bestien nicht davonlaufen konnten, sondern einen Weg finden mußten, sie zu überlisten. So sagte sie zu den drei jüngeren Mädchen: »Unsere drei älteren Schwestern haben nur an ihre eigene Sicherheit gedacht. Da sie fortgelaufen sind, ohne uns zu warnen, müssen wir auf einen Weg sinnen, uns selbst zu retten. Jede von uns muß versuchen, sich etwas auszudenken – oder wir werden alle von den Wölfen gefressen!«

Die Jüngeren stimmten dem zu, was die »vierte« sagte. Sie fuhren mit Spinnen aber fort, während sie heimlich die Sache besprachen.

Das Spinnrad hörte sich schon bald gar nicht mehr an wie das leise Seufzen einer Frau – und die Schwestern weinten auch nicht mehr, denn sie hatten sich einen klugen Plan ausgedacht. Die vierte Schwester stand auf und sprach zu den Gästen: »Wir sind müde, dürfen wir euch bitten, bald aufzubrechen?«

Die sieben Wölfe antworteten: »Es ist noch etwas früh. Außerdem könnt ihr ja nicht schlafen, bevor eure anderen Schwestern zurückgekommen sind. Kommt und wärmt euch am Feuer!« Die »vierte« ergriff diese Gelegenheit beim Schopf und sagte: »Da habt ihr ganz recht. Wir sollten uns auch noch etwas aufwärmen, bevor wir zu Bett gehen. Ich werde gleich nach oben gehen und noch Feuerholz holen.«

Die sieben Wölfe erblickten darin nichts Verdächtiges und ließen sie hinaufgehen. Eine kleine Weile später rief die »vierte« ihren anderen drei Schwestern zu: »Ihr müßt heraufkommen und mir helfen. Ich kann nicht alles allein hinunterschleppen.«

Nachdem die Wölfe mit Essen und Trinken fertig waren und auch die Füße gewaschen hatten, setzten sie sich ans Feuer, um sich zu wärmen. So warteten sie eine lange Zeit darauf, daß die Mädchen zurückkehrten. Schließlich aber wurden sie ungeduldig und beschlossen, hinaufzugehen und sie zu suchen. Der älteste Wolf ging hinauf. Und das war das letzte, was die anderen Wölfe je von ihm sahen. Dann stapfte der zweite Wolf die Treppe hinauf und verschwand ohne einen Laut. Der dritte Wolf wollte nun der Sache nachgehen und kam nicht mehr zurück. Die vier zurückgebliebenen Wölfe waren völlig ratlos. Sie ahnten, daß etwas schiefgegangen war und daß es nicht ratsam sei, einer nach dem anderen hinaufzugehen. Der vierte Wolf übernahm nun die Führung. Jeder faßte den Schwanz des vor ihm Gehenden an, und so tapsten sie die Treppe hinauf. Gerade als der Leitwolf das Ende der Treppe erreicht hatte, sah er, daß die Mädchen knorrige, blutbeschmierte Eichenknüppel über ihren Köpfen hielten. Bevor er schreien konnte, sausten die Knüppel mit solcher Gewalt auf ihn nieder, daß sein Kopf gespalten wurde. Er taumelte zurück und riß die anderen drei mit sich die Treppe hinunter. Sie rollten ins Feuer, verbrannten sich und versengten ihren Pelz.

Die drei übriggebliebenen Wölfe heulten vor Schmerz

und rannten hinaus, um sich abzukühlen. Die Schwestern liefen die Treppe hinunter und verriegelten die Tür.

Die drei Wölfe merkten jetzt, daß sie überlistet und ihre vier Brüder getötet worden waren. Je mehr sie darüber nachdachten, desto böser wurden sie. Sie verwandelten sich wieder in ihre ursprüngliche Form und versuchten, die Türe aufzubrechen, um ihre Brüder zu rächen. Sie warfen sich gegen die Tür, kratzten daran und heulten schmerzlich. Die Tür aber hielt ihrem Angriff stand, und all ihre Mühe war umsonst.

Das Spinnrad summte wieder, aber diesmal klang es wie ein sanftes zufriedenes Schnurren einer Katze hinterm warmen Ofen.

Die Wölfe stürmten ums Haus zur Hintertür. Sie dachten, daß es möglich sei, durch die Hintertür einzubrechen und die Schwestern zu fressen. Die Hintertür war aber ebenfalls fest verschlossen. Sogar wenn sie sich in dünne, spitze Nadeln verwandelt hätten, wäre es unmöglich für sie gewesen, in die Stube hineinzukommen.

So liefen sie im Hof herum und heulten. Als sie so herumliefen, sah der fünfte Wolf ein Faß, dessen Deckel leicht offenstand. Gleich unter dem Deckel lugte ein Ohr – mit einem Ring am Läppchen – aus dem Faß hervor. So biß er das Ohr ab und hetzte davon. Es war das Ohr der ältesten Schwester, die sich in solcher Eile in dem Faß versteckt hatte, daß sie, ohne es zu wissen, ein Ohr aus dem Faß herauslugen ließ. Als sie merkte, daß sie kein Ohr mehr hatte, weinte sie bitterlich. Der sechste Wolf rannte herum und erspähte einen nackten Fuß, der von einem Baum herabbaumelte. Er sprang hoch, biß einen Zeh ab und lief weg. Es war der Zeh der zweiten Schwester, die sich auf dem Baum versteckt hatte. Sie fürchtete sich so, daß es ihr unmöglich war, das Gleichgewicht zu halten – und einer ihrer Füße baumelte in der Luft. Glücklicherweise gelang es ihr, den Fuß noch hochzuziehen. So verlor sie nur eine Zehe und nicht den ganzen Fuß.

Der siebte Wolf sah das Bein eines Mädchens im Gebüsch, als er auf dem Platz herumstrolchte. Er sprang darauf zu und biß hinein, ehe er davonrannte.

Das war die dritte Schwester, die ihren Kopf im Busch versteckt und wie ein Vogel Strauß vergessen hatte, ihren übrigen Körper nachzuziehen und zu verbergen. Der Biß in ihr oberes Bein war tief, das Blut rannte herunter und tröpfelte überall hin. Es dauerte länger als ein Jahr, bis sie wieder auf einer Bank sitzen konnte.

So zahlten die drei älteren Schwestern, weil sie furchtsam und selbstsüchtig waren, einen hohen Preis für ihre Torheit. Die vier jüngeren Schwestern konnten sich aus ihrer verzweifelten Lage befreien, weil sie zusammenhielten und gemeinsam ans Werk gingen. Und, nicht zu vergessen, jede von ihnen konnte ihrer Mitgift einen schönen Pelz hinzufügen.

Das kluge Gretel

Es war eine Köchin, die hieß Gretel, die trug Schuhe mit roten Absätzen, und wenn sie damit ausging, so drehte sie sich hin und her, war ganz fröhlich und dachte: Du bist doch ein schönes Mädel. Und wenn sie nach Haus kam, so trank sie aus Fröhlichkeit einen Schluck Wein, und weil der Wein auch Lust zum Essen macht, so versuchte sie das Beste, was sie kochte, so lang, bis sie satt war, und sprach: »Die Köchin muß wissen, wie's Essen schmeckt.«

Es trug sich zu, daß der Herr einmal zu ihr sagte: »Gretel, heut' abend kommt ein Gast, richte mir zwei Hühner fein wohl zu.« – »Will's schon machen, Herr«, antwortete Gretel. Nun stach's die Hühner ab, brühte sie, rupfte sie, steckte sie an den Spieß und brachte sie, wie's gegen Abend ging, zum Feuer, damit sie braten sollten. Die Hühner fingen an, braun und gar zu werden, aber der Gast war noch nicht gekommen. Da rief Gretel dem Herrn: »Kommt der Gast nicht, so muß ich die Hühner vom Feuer tun, ist aber Jammer und Schade, wenn sie nicht bald gegessen werden, wo sie am besten im Saft sind.« Sprach der Herr: »So will ich nur selbst laufen und den Gast holen.« Als der Herr den Rücken gekehrt hatte, legte Gretel den Spieß mit den Hühnern beiseite und dachte: So lange da beim Feuer stehen, macht schwitzen und durstig; wer weiß, wann die kommen! Derweil spring' ich in den Keller und tue einen Schluck. Lief hinab, setzte einen Krug an, sprach: »Gott gesegne's dir, Gretel«, und tat einen guten Zug. »Der Wein hängt aneinander«, sprach's weiter, »und ist nicht gut abbrechen«, und tat noch einen ernsthaften Zug. Nun ging es und stellte die Hühner wieder übers Feuer, strich sie mit Butter und trieb den Spieß lustig herum. Weil aber der Braten so gut roch, dachte Gretel: Es könnte etwas fehlen, versucht muß er werden! Schleckte mit dem Finger und sprach: »Ei, was sind die Hühner so gut! Ist ja Sünd' und Schand', daß man sie nicht gleich ißt.« Lief zum Fenster, ob der Herr mit dem Gast noch nicht käme, aber es sah niemand, stellte sich wieder zu den Hühnern, dachte: Der eine Flügel verbrennt; besser ist's, ich eß ihn weg. Also schnitt es ihn ab und aß ihn auf, und er schmeckte ihm; und wie es damit fertig war, dachte es: Der andere muß auch herab, sonst merkt der Herr, daß etwas fehlt. Wie die zwei Flügel verzehrt waren, ging es wieder und schaute nach dem Herrn und sah ihn nicht. Wer weiß, fiel ihm ein, sie kommen wohl gar nicht und sind wo eingekehrt. Da sprach's: »Hei, Gretel, sei guter Dinge, das eine ist doch angegriffen, tu noch einen frischen Trunk und iß es vollends auf; wenn's all ist, hast du Ruhe: warum soll die gute Gottesgabe umkommen?« Also lief es noch einmal in den Keller, tat einen ehrbaren Trunk und aß das eine Huhn in aller Freudigkeit auf. Wie das eine Huhn hinunter war und der Herr noch immer nicht kam, sah Gretel das andere an und sprach: »Wo das eine ist, muß das andere auch sein, die zwei gehören zusammen; was dem einen recht ist, das ist dem andern billig; ich glaube, wenn ich noch einen Trunk tue, so sollte mir's nicht schaden.« Also tat es noch einen herzhaften Trunk und ließ das zweite Huhn wieder zum andern laufen.

Wie es so im besten Essen war, kam der Herr dahergegangen und rief: »Eil dich, Gretel, der Gast kommt gleich nach.« – »Ja, Herr, will's schon zurichten«, antwortete Gretel. Der Herr sah indessen, ob der Tisch wohl gedeckt war, nahm das große Messer, womit er die Hühner zerschneiden wollte, und wetzte es auf dem Gang. Indem kam der Gast, klopfte sittig und höflich an der Haustüre. Gretel lief und schaute, wer da war, und als es den Gast sah, hielt es den Finger an den Mund und sprach: »Still! still! Macht geschwind, daß Ihr wieder fortkommt; wenn Euch mein Herr erwischt, so seid Ihr unglücklich; er hat Euch zwar zum Nachtessen eingeladen, aber er hat nichts anders im Sinn, als Euch die beiden Ohren abzuschneiden. Hört nur, wie er das Messer dazu wetzt.« Der Gast hörte das Wetzen und eilte, was er konnte, die Stiegen wieder hinab. Gretel war nicht faul, lief schreiend zu dem Herrn und rief: »Da habt Ihr einen schönen Gast eingeladen!« – »Ei, warum Gretel? Was meinst du damit?« – »Ja«, sagte es, »der hat mir beide Hühner, die ich eben auftragen wollte, von der Schüssel genommen und ist damit fortgelaufen.« – »Das ist eine feine Weise!" sprach der Herr, und ward ihm leid um die schönen Hühner, »wenn er mir dann wenigstens das eine gelassen hätte, damit mir was zu essen geblieben wäre.« Er rief ihm nach, er sollte bleiben, aber der Gast tat, als hörte er es nicht. Da lief er hinter ihm her, das Messer noch immer in der Hand und schrie: »Nur eins! Nur eins!«, und meinte, der Gast sollte ihm nur ein Huhn lassen und nicht alle beide nehmen; der Gast aber meinte nicht anders, als solle er eins von seinen Ohren hergeben, und lief, als wenn Feuer unter ihm brenne, damit er sie beide heimbrächte.

Kate Knacknuß

Lang, lang ist's her, da lebten ein König und eine Königin, wie es sie in vielen Ländern gegeben hat. Der König hatte eine Tochter, Anne, und die Königin eine mit Namen Kate, aber Anne war viel hübscher als die Tochter der Königin. Gleichwohl hatten sich die beiden so lieb wie richtige Schwestern. Die Königin war eifersüchtig auf des Königs Tochter, weil sie hübscher war als ihre eigene, und sie sann auf Mittel und Wege, wie sie ihre Schönheit zerstören könnte. Deshalb fragte sie die zauberkundige Hühnerfrau um Rat, und die sagte ihr, sie solle das Mädchen am nächsten Morgen zu ihr schicken, bevor sie etwas gegessen habe.

Früh am andern Morgen sagte also die Königin zu Anne:

»Meine Liebe, geh zur Hühnerfrau in der Schlucht und bitte sie um ein paar Eier.« Da machte sich Anne auf, aber als sie durch die Küche ging, entdeckte sie eine Brotrinde, und die nahm sie mit und kaute sie beim Gehen.

Als sie zu der Hühnerfrau kam, bat sie um Eier, wie ihr geheißen war. Die Hühnerfrau sprach zu ihr: »Nimm den Deckel von dem Topf da ab und sieh, was geschieht.« Das Mädchen tat's, aber es geschah nichts. »Geh heim zu deiner Mutter und sag ihr, sie soll ihre Speisekammer besser verschlossen halten«, sagte die Hühnerfrau. Also ging sie nach Hause zur Königin und richtete aus, was die Hühnerfrau gesagt hatte.

Die Königin schloß daraus, daß das Mädchen etwas gegessen haben mußte, und so paßte sie am nächsten Morgen auf und schickte Anne ohne Essen fort. Aber die Prinzessin sah Leute aus dem Dorf neben der Straße Erbsen pflücken, und weil sie sehr freundlich war, sprach sie mit ihnen und nahm sich eine Handvoll Erbsen und aß sie unterwegs.

Als sie zu der Hühnerfrau kam, sagte die: »Nimm den Deckel vom Topf und sieh, was geschieht.« Anne nahm also den Deckel ab, aber es geschah wieder nichts.

Da wurde die Hühnerfrau sehr zornig und sprach zu Anne: »Sag deiner Mutter, daß der Topf nicht kochen kann, wenn das Feuer aus ist.« Anne ging also nach Hause und erzählte es der Königin.

Am dritten Tage ging die Königin selber mit dem Mädchen zur Hühnerfrau. Wie Anne nun dieses Mal den Deckel vom Topf hob, fiel ihr eigener hübscher Kopf ab, und an seine Stelle sprang der Kopf eines Schafes.

Da war nun die Königin ganz zufrieden, und sie gingen nach Hause.

Ihre eigene Tochter Kate jedoch nahm ein feines Leinentuch und wickelte es um den Kopf ihrer Schwester, faßte sie an der Hand, und sie beide zogen aus, um ihr Glück zu suchen. Sie gingen und gingen und gingen, bis sie zu einem Schloß kamen.

Kate klopfte an das Tor und erbat sich und ihrer kranken Schwester eine Unterkunft für die Nacht.

Sie traten ein und merkten, daß das Schloß einem König gehörte, der zwei Söhne hatte, von denen der eine auf den Tod krank lag; niemand konnte herausbekommen, was ihm fehlte. Und das Merkwürdige war, daß wer auch immer nachts bei ihm Wache hielt, niemals wieder gesehen wurde. Daher hatte der König einen Viertelscheffel Silber ausgeboten für jeden, der bei ihm Nachtwache halten wollte. Nun, Kate war ein sehr tapferes Mädchen, und so erbot sie sich, bei ihm zu wachen.

Bis Mitternacht ging alles gut. Als es jedoch zwölf schlug, stand der kranke Prinz auf, kleidete sich an und huschte leise die Treppe hinunter. Kate folgte ihm, aber er schien sie nicht zu bemerken. Der Prinz ging zum Stall, sattelte sein Pferd, rief nach seinem Hund und schwang sich in den Sattel, Kate sprang behend hinter ihn. Fort sprengten sie, der Prinz und Kate, durch den grünen Wald, und Kate pflückte im Vorbeireiten Nüsse von den Bäumen und füllte ihre Schürze damit. Sie ritten weiter und immer weiter, bis sie zu einem grünen Hügel kamen. Dort zog der Prinz die Zügel an und sprach: »Öffne dich, du grüner Hügel, und laß den jungen Prinzen ein, mit seinem Pferd und seinem Hund«, und Kate fügte hinzu: »... und seiner Dame hinterdrein.«

Sogleich tat sich der grüne Hügel auf, und sie ritten hinein. Der Prinz betrat eine prächtige, strahlend erleuchtete Halle, und viele schöne Feen umringten ihn und führten ihn fort zum Tanz. Inzwischen versteckte sich Kate unbemerkt hinter der Tür. Von dort sah sie den Prinzen tanzen und tanzen und tanzen, bis er nicht länger tanzen konnte und auf ein Ruhebett niedersank. Da fächelten ihm die Feen Kühlung zu, bis er wieder aufstehen und weitertanzen konnte.

Endlich krähte der Hahn, und der Prinz beeilte sich

sehr, wieder aufs Pferd zu kommen. Kate saß hinter ihm auf, und fort ging's nach Hause.

Als die Morgensonne aufging, kamen die Leute des Königs ins Zimmer und sahen Kate am Kamin sitzen und ihre Nüsse knacken.

Kate berichtete, der Prinz habe eine gute Nacht gehabt; doch sie wolle nur dann noch einmal bei ihm wachen, wenn sie einen Viertelscheffel Gold bekäme.

Die zweite Nacht verlief wie die erste: Der Prinz stand um Mitternacht auf und ritt fort zu dem grünen Hügel und zum Elfenreigen; Kate begleitete ihn und pflückte wieder Nüsse auf dem Ritt durch den Wald. Dieses Mal beobachtete sie den Prinzen nicht, denn sie wußte ja, daß er tanzen und tanzen und tanzen würde. Doch sah sie ein Elfenkind, das mit einem Zauberstab spielte, und hörte zufällig eine der Feen sagen: »Drei Schläge mit diesem Zauberstab würden Kates kranke Schwester wieder so schön machen, wie sie vorher war.« Da rollte Kate Nüsse zu dem Elfenkind hinüber – und so lange rollte sie ihm Nüsse hin, bis das Kind hinter den Nüssen hertapste und den Zauberstab fallen ließ; Kate hob ihn auf und steckte ihn in ihre Schürze.

Beim Hahnenschrei ritten sie heim wie am Tag zuvor. Sobald Kate zu Hause ankam, rannte sie in ihr Zimmer, berührte Anne dreimal mit dem Zauberstab: der widerliche Schafskopf fiel ab, und sie war wieder die richtige hübsche Anne.

Zur dritten Nachtwache erklärte sich Kate nur bereit, wenn sie den kranken Prinzen heiraten dürfe. Alles trug sich so zu wie in den ersten beiden Nächten. Diesmal spielte das Elfenkind mit einem Vöglein; Kate hörte eine der Feen sagen: »Drei Bissen von dem Vöglein da würden den Prinzen so gesund machen, wie er nur je gewesen ist.« Kate rollte alle Nüsse, die sie hatte, zu dem Elfenkind, bis es das Vöglein fallen ließ, und Kate steckte es in ihre Schürze.

Beim Hahnenschrei machten sie sich wieder auf. Aber statt Nüsse zu knacken, wie sie es sonst getan hatte, rupfte Kate diesmal das Vöglein und kochte es. Bald stieg ein angenehm würziger Duft auf. »Ach«, sprach der kranke Prinz, »ich wollte, ich hätte ein Stückchen von diesem Vöglein.« Also gab ihm Kate einen Bissen von dem Vöglein, und darauf richtete er sich auf den Ellbogen auf. Sogleich rief er aus: »Ach, hätte ich doch noch einen Bissen von dem Vöglein!« Kate gab ihm noch einen Happen, und er setzte sich im Bett auf. Wieder sagte er: »Ach, hätte ich nur noch ein drittes Stück von dem Vöglein!« Kate gab ihm einen dritten Bissen, und er stand auf, gesund und kräftig, zog sich an und setzte sich vor den Kamin. Als die Leute am Morgen kamen, fanden sie Kate und den jungen Prinzen, wie sie zusammen Nüsse knackten.

Inzwischen hatte sein Bruder Anne gesehen und sie lieb gewonnen, wie es jedem ging, der in ihr süßes, hübsches Gesicht blickte. Also heiratete der kranke Sohn die gesunde Schwester, und der gesunde Sohn heiratete die kranke Schwester,

und sie lebten glücklich und starben gut
und tranken nie aus ’nem trockenen Hut.

Die Kassette

Ein Mann und eine Frau, die schon alt waren, lebten in einem Haus am Wegrand. Sie waren arm und verdienten ihr Leben mit Landarbeit.

Eines Tages, als sie nach Hause gingen, fanden sie längs des Weges eine Kassette, die gewiß aus einem Reisewagen gefallen war. Sie nahmen sie mit nach Hause. Als sie sie öffneten, fanden sie, daß die Kassette bis zum Rande mit Gold- und Silberstücken und kostbaren Schmucksachen angefüllt war.

»Das ist bestimmt ein Vermögen wert«, sagte der Mann. »So ein Pech, daß wir es den Leuten zurückgeben müssen, die es verloren haben, sobald sie es reklamieren.«

»Ich denke gar nicht daran, es zurückzugeben«, sagte die Frau. »Wenn es reklamiert werden sollte, sage ich, wir hätten nichts gefunden.«

»Oh!« erwiderte der Mann. »Das hieße ja lügen und stehlen. Ich sage, daß wir es gefunden haben.«

Die Frau widersprach nicht, aber sie traf ihre Vorsichtsmaßnahmen.

Am folgenden Tag, sehr früh am Morgen, sobald sie aufgestanden waren, sagte sie zu ihrem Mann:

»Wer weiß, wenn niemand die Kassette zurückfordert, sind wir vielleicht bald reich, und du kannst nicht einmal lesen und schreiben. Du mußt in die Schule gehen, um es zu lernen, und gleich von heute morgen an.«

»Wie stellst du dir das vor? Ich in meinem Alter soll

noch lernen? Die Schulbuben werden sich über mich lustig machen und mich für einen Trottel halten.«

Aber die Frau bestand so fest darauf, daß er schließlich nachgab. Sie machte ihm ein Frühstückskörbchen zurecht, »wie für die Buben, die in die Schule gehen«, und er zog los.

Als er abends nach Hause kam, wartete seine Frau schon auf ihn. Sie hatte Eierkuchen und Krapfen gebacken, und als sie ihn kommen sah, war sie schnell auf den Speicher gestiegen und warf sie aus dem Bodenfenster hinaus. Der Mann glaubte nicht anders, als daß die Eierkuchen und Krapfen vom Himmel fielen, und rief:

»Frau, Frau, es regnet Eierkuchen! Frau, Frau, es regnet Krapfen!«

»Na, dann iß doch, wenn du magst«, erwiderte sie.

Dann erzählte er, der Lehrer hätte ihn nicht hereinlassen wollen, die Schulbuben wären über seinen Frühstückskorb hergefallen und hätten sich über ihn lustig gemacht.

Todmüde aß er seine Suppe; dann ging er zu Bett.

Als er eingeschlafen war, legte seine Frau ihm ein Hühnerei ins Bett. Als er aufwachte, fühlte er, daß da etwas neben ihm lag, und er fand das Ei.

»Frau, Frau, ich habe ein Hühnerei gelegt!«

»Na, Alter, du machst wohl unsern Hühnern Konkurrenz!«

Einige Tage später kamen zwei feine Herren zu ihnen ins Haus und fragten, ob sie nicht eine Kassette gefunden hätten.

»Nein, gute Herren, wir haben nichts gefunden«, sagte die Frau.

»Doch, doch«, sagte der Mann, »wir haben eine Kassette gefunden; sie ist hier.«

»Ach, gute Herren«, sagte die Frau, »was habe ich für Pech! Mein armer Mann ist nicht mehr richtig im Kopf. Er ist wieder in der Kindheit. Fragt ihn doch, ob er noch weiß, wann wir die Kassette gefunden haben.«

»Ja«, sagte er, »das war am Tage, bevor ich zum ersten Male in die Schule ging. Abends regnete es Eierkuchen und Krapfen, und in der Nacht darauf habe ich ein Hühnerei gelegt.«

»Ach, gute Frau«, sagten die Herren, »wir sehen, welch großes Pech Ihr habt, denn Euer Mann ist nicht ganz richtig im Kopf.«

Und sie gingen fort und schenkten ihr einige Münzen, als wäre sie eine arme, unglückliche Frau.

Die Groac'h von der Insel Lok

In alten Zeiten, als die Wunder in der Bretagne so alltäglich waren, wie es heute Taufen und Begräbnisse sind, lebten in Lanillis ein Jüngling namens Huarn Pogamm und ein junges Mädchen namens Bellah Postik. Die beiden waren nach althergebrachter Sitte versippt, das heißt, ihre Mütter hatten sie in derselben Wiege gewiegt und sie von klein auf so erzogen, wie es üblich ist, wenn Kinder eines Tages – so Gott will – Mann und Frau werden sollen.

So wuchsen auch Huarn und Bellah heran und waren einander von ganzem Herzen zugetan. Dann aber starben ihre Eltern kurz hintereinander und hinterließen den beiden Waisen kein Erbe; so blieb den Kindern nichts anderes übrig, als bei dem gleichen Herrn in Dienst zu treten. Sie hätten dabei glücklich sein können, aber Verliebte sind wie das Meer, das immer klagen muß. »Wenn wir wenigstens genug hätten, um uns eine kleine Kuh und ein mageres Ferkelchen kaufen zu können«, sagte Huarn, »dann würde ich unserem Herrn ein Stückchen Land abpachten, der Pfarrer würde uns verheiraten, und wir könnten glücklich miteinander leben.«

»Ja«, erwiderte Bellah mit einem Seufzer, »aber wir leben in so harten Zeiten! Beim letzten Markt in Ploudalmeso sind Kühe und Schweine noch teurer geworden. Gott kümmert sich nicht mehr um den Lauf der Welt.«

»Ich fürchte, wir werden noch lange warten müssen«, klagte der junge Bursche von neuem, »denn niemals bin ich es, der die Flasche leert, wenn ich in der Herberge mal ein Gläschen mit meinen Freunden trinke.«

»Ja, sehr lange«, erwiderte das Mädchen, »denn ich habe kein einziges Mal den Kuckuck rufen hören!«

Tag für Tag begannen diese Klagen von neuem, bis Huarn schließlich die Geduld verlor. Eines Morgens kam er zu Bellah, die gerade dabei war, in der Tenne Korn zu dreschen, und sagte ihr geradeheraus, daß er fort wolle, um sein Glück zu suchen. Das junge Mädchen war sehr betrübt, dies zu hören, und tat alles, was es konnte, um ihn zurückzuhalten, aber Huarn, der ein entschlossener Bursche war, wollte nicht auf Bellah hören.

»Die Vögel fliegen so lange geradeaus, bis sie ein Kornfeld finden, und die Bienen, bis sie Blumen finden, um ihren Honig zu machen; ein Mensch kann doch nicht weniger Verstand haben als die fliegenden Tiere! Auch ich will überall suchen nach dem, was mir fehlt, das heißt, nach dem Geld für eine kleine Kuh und für ein mageres Ferkelchen. Wenn du mich liebst, Bellah, wirst du dem Plan zustimmen, der unsere Heirat beschleunigen soll.«

Das junge Mädchen sah ein, daß es nachgeben mußte, und obgleich sein Herz sich umdrehte, sagte es zu Huarn: »Wenn es denn sein muß, dann geh! Aber vorher will ich das Beste vom Erbe meiner Eltern mit dir teilen.«

Dann führte Bellah den Jüngling an ihren Schrank und nahm ein Glöckchen, ein Messer und einen Stab heraus.

»Diese drei Reliquien sind immer im Besitz meiner Familie gewesen«, sagte sie. »Hier ist zunächst das Glöckchen des heiligen Koledok; es hat einen Klang, der aus jeder Entfernung zu hören ist und unseren Freunden anzeigt, wenn wir uns in Gefahr befinden. Das Messer hat dem heiligen Corentin gehört, und alles, was es berührt, wird von der Macht der Zauberer und der Dämonen befreit. Und schließlich dieser Stab: der heilige Vuga hat ihn getragen. Er führt einen dorthin, wohin man will. Ich gebe dir das Messer, um dich gegen Zaubermacht zu schützen, und das Glöckchen, um mir anzuzeigen, wenn dir Gefahr droht; ich aber behalte den Stab, um dir zu Hilfe zu eilen, falls du sie brauchen solltest.«

Huarn dankte seiner Braut, weinte ein wenig mit ihr, wie es sich gehört, wenn man Abschied voneinander nimmt, dann ging er davon.

Aber es war damals, wie es heute ist: in allen Dörfern, durch welche Huarn kam, wurde er von Bettlern verfolgt, die ihn für einen Herrn hielten, weil er heile Hosen hatte.

Wirklich, dachte er, dies ist ein Land, in dem ich mehr Gelegenheit habe, Geld auszugeben, als welches zu verdienen. Ich muß weiterziehen.

Er setzte also seinen Weg fort und stieg zur Küste hinunter, bis er nach Pont-Aven kam, einem hübschen Städtchen an einem Fluß, dessen Ufer mit Pappeln bewachsen sind.

Als er dort vor der Tür der Herberge saß, hörte er zwei Salzsieder, die sich beim Beladen ihrer Maulesel unterhielten und von der Groac'h der Insel Lok sprachen. Huarn fragte, was das sei; sie antworteten ihm, so nenne man eine Fee, die in dem See der größten der Glenan-Inseln wohne und von der es heiße, sie sei ganz allein so reich wie alle Könige zusammen. Viele Leute wären schon auf die Insel gefahren, um in den Besitz dieser Schätze zu gelangen, aber keiner wäre zurückgekehrt.

Sofort kam Huarn der Gedanke, auch dorthin zu fahren, um sein Glück zu versuchen. Die Maultiertreiber gaben sich Mühe, ihn von dem Plan abzubringen. Sie hetzten sogar das ganze Volk ringsumher auf und riefen, Christen dürften nicht zulassen, daß ein Mensch geradenwegs seinem Unglück in die Arme laufe. Und man versuchte, den Jüngling mit Gewalt zurückzuhalten. Er dankte für das Interesse und erklärte sich bereit, von seinem Plan abzulassen, wenn man eine Sammlung veranstaltete, deren Erlös ihm gestatten würde, eine kleine Kuh und ein mageres Ferkelchen zu kaufen, aber bei diesem Vorschlag zogen sich die Maultiertreiber und die anderen zurück; sie sagten aber noch einmal, er wäre ein Starrkopf, und es sei eben nichts mit ihm zu machen.

Huarn begab sich also an die Meeresküste zu einem Schiffer, der ihn auf die Insel Lok brachte.

Mühelos fand er mitten auf der Insel den Weiher, dessen Ufer ringsumher mit rosa blühendem Seegras bewachsen ist. Bei einem Rundgang sah er an einem der äußersten Enden des Sees, im Schatten eines Ginstergebüsches, ein meerfarbenes Boot, das auf dem stehenden Wasser lag. Dieses Boot hatte die Form eines schlafenden Schwanes, der den Kopf unter den Flügeln verbarg. Huarn, der nie dergleichen gesehen hatte, trat neugierig näher und stieg in das Boot, um es besser betrachten zu können. Kaum aber hatte er den Fuß hineingesetzt, als der Schwan erwachte: Sein Kopf erhob sich aus den Federn, seine breiten Füße streckten sich im Wasser aus, und plötzlich entfernte er sich vom Ufer.

Der Jüngling stieß einen Schrei des Entsetzens aus, aber der Schwan schwamm nur noch schneller der Mitte des Weihers entgegen. Huarn wollte sich ins Wasser werfen, um schwimmend das Ufer zu erreichen, da steckte der Vogel seinen Schnabel ins Wasser, tauchte, und riß Huarn mit hinab. Huarn konnte nicht schreien, ohne das stinkige Seewasser zu schlucken; so mußte er schweigen und gelangte in die Wohnung der Wasserhexe.

Es war ein Muschelpalast, der alles übertraf, was man sich nur vorstellen kann. Über eine kristallene Treppe kam man hinein. Sie war so gemacht, daß jede Stufe, sobald man den Fuß darauf setzte, wie ein Vogel des Waldes sang. Ringsumher breiteten sich riesige Gärten aus; dahinter wuchsen Wälder aus Wasserpflanzen, von grünen Algenwiesen unterbrochen, die an Stelle von Blumen mit Diamanten übersät waren. In dem ersten Saal des Schlosses lag auf einem goldenen Lager die Wasserhexe. Sie trug ein meergrünes Gewand, das sich zart und weich wie eine Wolke um ihren Körper schmiegte; ihre schwarzen Haare waren mit Korallen durchflochten und fielen ihr bis auf die Füße hinab, und ihr Gesicht, dessen Haut weiß und rosa schimmerte, sah in seinem Glanz dem Innern einer Muschel ähnlich. Huarn, geblendet von dem Anblick eines so schönen Geschöpfes, blieb stehen. Aber die Wasserfee erhob sich und trat ihm lächelnd entgegen.

Ihr Gang war so leicht, daß man an die weißen Schaumkämme erinnert wurde, die über das Meer gleiten. Sie begrüßte den Jüngling: »Sei willkommen«, sagte sie mit einladender Gebärde. »Hier ist immer Platz für Fremde und für schöne Burschen.« Beruhigt trat der Jüngling ein. »Wer bist du, woher kommst du, und was machst du?« fuhr die Groac'h fort.

»Mein Name ist Huarn«, erwiderte er. »Ich komme aus Lanillis und bin auf der Suche nach einem Erwerb, um eine kleine Kuh und ein mageres Ferkelchen kaufen zu können.«

»Je nun, komm nur herein, Huarn«, sagte die Fee, »und mach dir keine Sorgen mehr; denn du sollst alles haben, was dir gefällt.«

Sie hatte ihn in einen zweiten Saal geführt, der ganz mit Perlen ausgelegt war. Dort reichte sie ihm acht Sorten Wein in acht reichverzierten Silberbechern. Huarn probierte die acht Weine und fand sie so gut, daß er noch achtmal von jeder Sorte trank, und bei jedem Schluck fand er die Groac'h schöner.

Diese sprach ihm Mut zu und sagte ihm, er solle nur ja keine Furcht haben, sie zugrunde zu richten, da der See der Insel Lok einen Zugang zum Meer habe, durch welchen alle Reichtümer, die das Meer von den untergegangenen Schiffen verschlinge, durch eine Zauberströmung zu ihr gelangten.

»Bei meinem Heil«, sagte Huarn, den der Wein sehr fröhlich stimmte, »jetzt wundert es mich nicht mehr, wenn die Leute von der Küste Euch schlechtmachen; so reiche Leute wie Ihr haben immer Neider; was mich betrifft, so würde ich mich mit der Hälfte Eures Reichtums begnügen.«

»Das kannst du haben, wenn du willst, Huarn«, sagte die Fee.

»Aber wie?« fragte er.

»Mein Mann war der Korandon; ich bin seine Witwe«, fuhr sie fort, »und wenn ich dir gefalle, werde ich deine Frau.«

Huarn war tief ergriffen von dem, was er hörte. Er sollte die Groac'h heiraten, die so schön war, die einen so reichen Palast besaß und die einem acht Sorten Wein auftischte, von denen man trinken konnte, soviel man wollte! ... Es ist wahr, er hatte eigentlich Bellah versprochen, sie zu heiraten; aber die Männer vergessen leicht solche Versprechen: Sie sind darin wie die Frauen.

So gab er der Fee höflich zur Antwort, daß sie nicht geschaffen sei, um abgewiesen zu werden, und daß es ihm eine Freude und eine Ehre sei, ihr Gatte zu werden.

Da rief die Groac'h, daß sie unverzüglich das Willkommensmahl zubereiten wollte. Sie brachte alles auf den Tisch, was Huarn als das Allerbeste kannte, und außerdem viele Gerichte, die er nicht kannte; dann ging sie zu einem kleinen Fischteich, der sich hinten im Garten befand, und rief: »He! Prokurator! He! Müller! He! Schneider! He! Kantor!«

Und bei jedem Ruf kam ein Fisch herbeigeschwommen, den sie in ein Stahlnetz warf.

Als das Netz voll war, ging sie in einen Nebenraum und warf alle Fische in eine goldene Pfanne.

Da aber schien es Huarn, als hörte er im Brutzeln der bratenden Fische leise Stimmen flüstern.

»Was flüstert denn da unter der goldenen Pfanne, Groac'h?« fragte er.

»Es ist das Holz, welches so knistert«, sagte sie, indem sie das Feuer schürte. Alsbald aber begannen die leisen Stimmen von neuem zu murmeln.

»Was murmelt denn da so, Groac'h?« fragte der Jüngling.

»Es ist das Bratenfett, welches schmilzt«, erwiderte sie, indem sie die Fische ordentlich schmoren ließ.

Bald aber riefen die Stimmen lauter.

»Was ruft denn da, Groac'h?« fragte Huarn weiter.

»Es ist das Heimchen im Herd«, erwiderte die Fee, während sie so laut sang, daß Huarn nichts mehr hörte.

Aber was geschehen war, hatte ihm zu denken gegeben, und da es ihm unheimlich zumute wurde, meldete sich auch das Gewissen.

»Jesus Maria«, sagte er zu sich selbst, »ist es möglich, daß ich Bellah so schnell um einer Groac'h willen vergessen habe, die wahrscheinlich die Tochter eines Dämons ist? Mit dieser Frau würde ich nicht einmal wagen, meine Abendgebete zu sprechen, und wäre sicher, in die Hölle zu kommen wie die Schweinezungen-Beschauer.«

Während er so zu sich selbst sprach, hatte die Fee die gebratenen Fische aufgetragen und drängte ihn zu essen; zugleich sagte sie, sie wolle ihm zwölf neue Weinsorten holen.

Huarn zog seufzend sein Messer aus der Tasche und wollte mit der Mahlzeit beginnen; kaum aber hatte die Klinge, welche den Zauber zerstört, den goldenen Teller berührt, als alle Fische sich aufrichteten und wieder kleine Menschen wurden: jeder trug das Kleid seines Standes. Da war ein Prokurator mit Beffchen, ein Schneider mit violetten Strümpfen, ein mehlbestaubter Müller, ein Kantor im Chorhemd, und alle schrien zugleich, während sie im Bratenfett schwammen: »Huarn, rette uns, wenn du selbst gerettet werden willst!«

»Heilige Jungfrau! Wer sind diese Männchen, die in der zerlassenen Butter so schreien?« rief Huarn bestürzt.

»Wir sind Christen wie du«, erwiderten sie, »auch wir waren auf die Insel Lok gekommen, um unser Glück zu versuchen; wir haben eingewilligt, die Groac'h zu heiraten, und am Tage nach der Hochzeit hat sie uns genauso behandelt wie unsere Vorgänger, die in dem großen Fischteich sind.«

»Was!« rief Huarn, »eine so junge Frau ist schon die Witwe aller dieser Fische?«

»Und du wirst bald in demselben Zustand sein und ebenso wie wir Gefahr laufen, von den Neuangekommenen gebraten und gegessen zu werden!«

Huarn machte einen Sprung, als fühlte er sich schon in der goldenen Pfanne, und lief auf die Tür zu, nur von dem einen Gedanken beseelt zu entfliehen, bevor die Groac'h zurückkehrte. Diese aber trat gerade herein und hatte alles gehört. Sie warf ihr Stahlnetz über Huarn, der sich augenblicklich in einen Frosch verwandelte; dann trug sie ihn zum Fischteich, in dem sich bereits ihre anderen Ehemänner befanden. Im gleichen Augenblick aber läutete das Glöckchen, welches Huarn um den Hals trug, von selbst, und Bellah hörte es in Lanillis, wo sie gerade dabei war, die Milch vom Vortage abzurahmen. Dieser Klang war für sie wie ein Stich ins Herz. Sie stieß einen Schrei aus und rief: »Huarn ist in Gefahr!«

Und ohne länger zu warten, ohne jemanden um Rat zu fragen, zog sie schnell ihre Kleider und ihre Schuhe für das Hochamt an, legte ihr Silberkreuz um und verließ den Bauernhof mit ihrem Zauberstab in der Hand.

Am Kreuzweg angelangt, stieß sie den Stab in den Boden und murmelte dabei:

»Des heiligen Vuga gedenke,
du, Apfelstab, und lenke
mich über Stock und Stein,
durch Wasser, Wolken, Luft,
wohin mich das Glöckchen ruft!«

Auf der Stelle verwandelte sich der Stab in ein rotes Pferdchen des heiligen Thegonec, gestriegelt, gesattelt und aufgezäumt, mit einer Schleife an jedem Ohr und einer blauen Feder auf dem Kopf.

Entschlossen stieg Bellah auf. Das Pferdchen ging zuerst im Schritt, dann lief es im Trab und schließlich im Galopp, so geschwind, daß die Gräben, die Bäume, die Häuser, die Kirchtürme vor Bellahs Augen vorüberzogen wie die Arme einer Garnwinde. Aber sie klagte nicht, da sie ja wußte, daß jeder Sprung sie ihrem geliebten Huarn näherbrachte, im Gegenteil, sie spornte das Pferdchen noch an, indem sie in einem fort wiederholte:

»Das Pferd ist nicht so schnell wie die Schwalbe, die Schwalbe ist nicht so schnell wie der Wind, der Wind ist nicht so schnell wie der Blitz; du aber, mein Pferdchen, wenn du mich liebst, dann mußt du schneller voran als sie alle, denn ein Teil meines Herzens leidet: der bessere Teil meines Herzens, der in Gefahr ist.«

Das Pferdchen hörte, was Bellah sagte, und lief wie ein Strohhalm, der vom Wirbelwind davongetragen wird, so daß es alsbald den Fuß des Arrès-Felsens erreichte, den man den Hirschsprung nennt.

Dort aber hielt es an, denn noch nie hatte ein Pferd oder eine Stute diesen Felsen erklommen. Bellah, die verstand, warum das Pferdchen stillstand, begann von neuem:

»Des heiligen Vuga gedenke,
Pferdchen aus Leon, und lenke
mich über Stock und Stein,
durch Wasser, Wolken, Luft,
wohin mich das Glöckchen ruft.«

Kaum hatte Bellah diese Worte gesprochen, da wuchsen Flügel aus den Flanken ihres Reittieres, das ein riesiger Vogel wurde und sie auf den Gipfel des Berges trug. Auf diesem Gipfel befand sich ein Nest aus Töpfererde, mit trockenem Moos ausgelegt. Darauf hockte ein kleiner Korandon, ein Zwerg, der war ganz schwarz und verrunzelt, und als er Bellah sah, rief er: »Da ist ja das hübsche Mädchen, das mich erretten will!«

»Dich erretten?« fragte Bellah. »Wer bist du denn, kleiner Mann?«

»Ich bin Jeannik, der Mann der Groac'h von der Insel Lok; sie hat mich hierhergeschickt.« –

»Aber was hast du auf diesem Nest zu schaffen?«

»Ich brüte sechs steinerne Eier aus, und erst wenn sie

ausgebrütet sind, bekomme ich meine Freiheit wieder.«

Da mußte Bellah lachen. »Armes, liebes Hähnchen«, sagte sie, »und wie könnte ich dich befreien?«

»Indem du Huarn erlöst, der in der Macht der Groac'h ist.«

»Ach!« rief da die Waise, »sage mir, was ich tun muß! Und wenn ich auf den Knien um alle vier Bistümer rutschen müßte, so würde ich mich sofort auf den Weg machen.«

»Nun denn, zwei Dinge sind vonnöten«, sagte der Korandon. »Zuerst mußt du dich der Groac'h in Gestalt eines Jünglings vorstellen; dann mußt du ihr das Stahlnetz entwenden, welches sie am Gürtel trägt, und sie darin einsperren bis zum Jüngsten Gericht.«

»Und wo finde ich ein Jünglingsgewand, das mir paßt, geliebter Korandon?«

»Das sollst du gleich erfahren, hübsches Mädchen.«

Bei diesen Worten riß sich der Zwerg vier seiner roten Haare aus und blies sie in den Wind, indem er ganz leise etwas murmelte. Da wurden die vier Haare vier Schneider; der erste hielt einen Kohl in der Hand, der zweite eine Schere, der dritte eine Nadel und der vierte ein Eisen.

Alle vier setzten sich mit gekreuzten Beinen um das Nest und machten sich daran, Bellah vollständig einzukleiden. Aus dem ersten Kohlblatt machten sie einen schönen Leibrock, dessen Nähte alle gesteppt waren; ein anderes Kohlblatt lieferte eine Weste; aber zu den weiten Hosen, die in Leon modern sind, waren zwei Blätter nötig. Schließlich wurde aus dem Innern des Kohlkopfes ein Hut geformt, und aus dem Strunk entstanden Schuhe.

Als Bellah diese Tracht aus grünem Samt mit Futter aus weißer Seide anlegte, hätte man sie für einen Edelmann halten können.

Sie dankte dem Korandon, der ihr noch einige Verhaltungsmaßregeln gab. Dann trug sie ihr großer Vogel in einem Zuge auf die Insel Lok. Dort befahl sie ihm, sich in den Apfelstab zurückzuverwandeln, und stieg in das Boot, welches die Gestalt eines Schwanes hatte. Sofort wurde sie in den Palast der Groac'h geführt.

Als die Fee den samtgekleideten Jüngling aus Leon sah, war sie entzückt. »Bei Satan, meinem Vetter«, sagte sie zu sich selbst, »dies ist der schönste Bursche, der sich je bei mir gezeigt hat, und ich glaube, den werde ich dreimal drei Tage lieben.«

Also tat sie sehr schön mit Bellah und nannte sie »mein Liebling« und »mein Herzchen«. Sie trug ihr einen Imbiß auf, und Bellah sah auf dem Tisch das Messer des heiligen Corentin, welches Huarn dort gelassen hatte. Sie nahm es an sich, um es bei Gelegenheit zu benutzen; dann folgte sie der Groac'h in den Garten.

Diese zeigte ihr die Rasenplätze, die mit Diamanten wie mit Blumen übersät waren, die lavendelduftenden Wasserspiele und vor allem den Fischteich, in dem die tausendfarbenen Fische umherschwammen.

Bellah schien so bezaubert von diesen Fischen, daß sie sich auf den Rand des Bassins setzte, um sie besser betrachten zu können.

Die Groac'h benutzte Bellahs Verzücktheit, um sie zu fragen, ob es ihr gefallen würde, immer in ihrer Gesellschaft zu bleiben. Worauf Bellah erwiderte, daß sie sich nichts Besseres wünschen könne.

»So würdest du also einverstanden sein, mich sofort zu heiraten?« fragte die Fee.

»Ja«, erwiderte Bellah, »unter der Bedingung, daß du mir erlaubst, einen dieser schönen Fische mit dem Stahlnetz zu fischen, welches du an deinem Gürtel trägst.«

Die Groac'h, die keinen Verdacht hegte, hielt diesen Wunsch für eine Laune des Jünglings; sie reichte Bellah das Netz und sagte lächelnd: »Laß sehen, schöner Fischer, was du fangen wirst.«

»Ich fange den Teufel!« rief Bellah, indem sie der Groac'h das offene Netz über den Kopf warf. »Im Namen des Erlösers der Menschen, verfluchte Hexe, dein Körper soll werden, was deine Seele ist!«

Die Groac'h konnte nur einen Schrei ausstoßen, der in einem erstickten Murmeln endete; denn der Wunsch des jungen Mädchens war erfüllt: Die schöne Wasserfee war nur noch die scheußliche Königin der Pilze.

Schnell zog Bellah das Netz zusammen und warf es in einen Brunnen, auf welchen sie einen Stein legte, in den das Zeichen des Kreuzes geschnitten war, damit er sich erst am Tage des Jüngsten Gerichts mit den Steinen der Gräber erheben könne.

Dann kehrte Bellah schnell an den Fischteich zurück. Aber alle Fische waren schon herausgestiegen und kamen ihr entgegen wie eine buntscheckige Mönchsprozession. Sie riefen mit ihren rauhen Stimmchen: »Das ist er, unser Herr und Meister, der uns von Stahlnetz und goldener Pfanne erlöst hat!«

»Und zugleich wird er Euch Eure Christengestalt zurückgeben«, sagte Bellah und zog das Messer des heiligen Corentin hervor. Aber als sie den ersten Fisch berühren wollte, bemerkte sie dicht vor sich einen grünen Frosch, der um den Hals das Zauberglöckchen trug und schluchzend auf den Knien lag, während er beide Vorderfüßchen auf sein kleines Herz legte.

Bellah fühlte einen Stich im Herzen und rief: »Bist du es, bist du es, mein kleiner Huarn, König meiner Freude und meiner Sorge?«

»Ich bin es!« erwiderte der Jüngling in Froschgestalt.

Sofort berührte Bellah ihn mit der Klinge in ihrer Hand, und Huarn nahm seine wahre Gestalt wieder an. Beide umarmten einander, während das eine Auge um die Vergangenheit weinte und das andere um die Gegenwart.

Dann tat Bellah dasselbe für alle Fische, die sich zurückverwandelten in das, was sie gewesen waren.

Als sie beinahe am Ende war, kam der kleine Korandon vom Hirschfelsen in seinem Nest angefahren wie in einer Karosse, von sechs großen Maikäfern gezogen, die aus den sechs steinernen Eiern ausgekrochen waren.

»Da bin ich, hübsches Mädchen!« rief er Bellah zu, »der Zauber, der mich auf dem Felsen festhielt, ist gebrochen, und ich komme, um dir zu danken; denn aus einer Henne hast du einen Menschen gemacht.«

Dann führte er die beiden Liebenden an die Truhen der Groac'h, die bis an den Rand mit Edelsteinen gefüllt waren, und sagte, sie sollten sich davon nehmen, soviel sie wollten.

Beide füllten ihre Taschen, ihre Gürtel, ihre Hüte, ja, sogar ihre weiten Leoner Hosen, soviel nur hineinging; dann, als sie so viel hineingestopft hatten, wie sie nur tragen konnten, verwandelte Bellah ihren Stab in einen geflügelten Wagen, um sie mit allen, die sie befreit hatte, nach Lanillis zu führen.

Dort wurde ihr Aufgebot ausgehängt, und Huarn heiratete Bellah, wie er es sich schon so lange gewünscht hatte. Nur, anstatt eine kleine Kuh und ein mageres Ferkelchen zu kaufen, kaufte er alles Land der Gemeinde und siedelte dort als Bauern alle Leute an, die er von der Insel Lok mitgebracht hatte.

Der Kuß

Es gab irgendwann einmal eine Lehrerin mit hundert Schülerinnen. In jenem Lande gab es auch einen Königssohn, der ging jeden Tag zu der Lehrerin, grüßte die Schülerinnen und sprach: »Einen schönen guten Tag dir, Lehrerin mit den hundert Schülerinnen!«

Eines Tages kam auch ein Gärtner hin, und der sagte: »Meine Lehrerin, ich möchte, daß du auch meine Tochter aufnimmst.« Die Lehrerin war einverstanden. Auch am nächsten Tag kam der Königssohn wieder, grüßte die Lehrerin und sprach: »Einen schönen guten Tag dir, Lehrerin mit den hundert Schülerinnen!« Da sagt die Lehrerin zu ihm: »Ich habe nun noch eine Schülerin mehr – die Gärtnerstochter.« – Sie stellte ihm also das Mädchen vor. Dem Königssohn gefiel es so sehr, daß ihn Liebe zu diesem Mädchen ergriff. Und als er auch am nächsten Tag kam, grüßte er die Lehrerin und sprach: »Einen schönen guten Tag dir, Lehrerin mit hundertundeiner Schülerin! Und der Gärtnerstochter zweimal einen guten Tag!« Auch am nächsten Tage kam er wieder und sprach zu der Lehrerin: »Einen schönen guten Tag dir, Lehrerin mit hundertundeiner Schülerin! Und der Gärtnerstochter zweimal einen guten Tag!« – Das ging eine Woche lang so …

Danach ging der Königssohn zu der Lehrerin und sagte zu ihr: »Ich möchte, daß du mir einen Gefallen tust, Lehrerin … Ich liebe nämlich die Tochter des Gärtners so sehr, daß ich sie küssen will …« Die Lehrerin erwiderte ihm aber: »Solch eine Sache kann ich nicht machen, mein Königssohn, daß ich dir die Schülerin etwa überlasse, damit du sie küßt...« »Aber es geht ja um Not, um Not!« sagt der Königssohn. Da er so beharrlich war, erwiderte sie schließlich: »Um dir den Gefallen nicht auszuschlagen«, so sprach sie, »werd' ich so tun, als wär' ich krank. Jene Schülerin hat nämlich einen Pomeranzenbaum in ihrem Garten. Ich werd' mich also mit meinem Arzt verständigen... dem wollen wir sagen, daß er zu mir spricht: ›Wenn es irgendwo Pomeranzenblätter gäbe, daß du daran riechen könntest, verginge dir deine Krankheit‹.«

Am nächsten Tag war die Schule geschlossen. Die Tochter des Gärtners ging wie alle Schülerinnen hin, und die Schule war also geschlossen... weil die Lehrerin krank war. Da fragte sich die Gärtnerstochter: Warum ist unsere Lehrerin heute krank? Ich will zu ihr nach Hause gehen, sie besuchen. Sie ging zu ihr nach Hause. »Gut so...«, lobte sie die Lehrerin, »daß du so sehr auf Ehre und Anstand hältst, mir einen Besuch zu machen. Ich möchte aber, daß du...« Da stellte die Gärtnerstochter die Frage: »Ist gar kein Arzt hergekommen, um nach dir zu sehen?« »Nein«, erwiderte die Lehrerin, »mein Arzt ist der und der. Möchtest du ihn holen?« Das Mädchen antwortete: »Ja.« »So geh also den Arzt holen«, sagte die Lehrerin. Das Mädchen lief fort. Dann brachte es den Arzt, damit er die Lehrerin einmal ansähe... Der Lehrerin war schwindlig, und sie erbrach sich. Der Arzt sprach – er war dabei, sie zu untersuchen –, also der Arzt sprach: »Aber du hast gar nichts, Lehrerin. Wenn es irgendwo Pomeranzenblätter gäbe und du daran riechen könntest, verginge dir das gleich. In einer Viertelstunde wärst du gesund.« Da rief die Gärtnerstochter: »Oh, wir haben ja welche in unserm Garten!« so rief sie. »Lauf schnell hin«, forderte der Arzt sie auf, »bring ein paar Blätter her, damit eure Lehrerin wieder zu sich kommt.« Das Mädchen rannte also fort – so wie es gerade war –, es lief in den Garten, kletterte auf den Pomeranzenbaum, pflückte die Blätter... Doch beim Heruntersteigen war auf einmal der Königssohn in seinem Versteck zu sehen, und der packte sie und küßte sie. Die Jungfrau beachtete aber gar nicht, daß er sie küßte – sie rannte dort weg, um die Pomeranzenblätter ihrer Lehrerin zu bringen, damit die daran riechen könnte, damit ihr wieder wohl würde. Hm... Wie sie dann zu der Lehrerin kam, sprach sie gar nichts davon, was der Königssohn mit ihr gemacht hat. Sie gab ihr die Blätter, die Lehrerin roch daran... Nach einer Viertelstunde war die Lehrerin wirklich wieder gesund. Am nächsten Tage wurde die Schule aufgemacht. Die Schülerinnen gingen zur Schule. Der Königssohn kam auch wieder. Er sprach: »Einen schönen guten Tag dir, Lehrerin mit hundertundeiner Schülerin! Der Gärtnerstochter aber zweimal guten Tag wegen ihres süßen Kusses unterm Pomeranzenbaum!« Die Jungfrau wurde rot – das versteht sich –, denn er sprach davon, daß er sie geküßt hat. Sie schämte sich vor den anderen Mädchen. Es waren ja Königstöchter darunter, Prinzessinnen. Es waren reiche und auch arme Mädchen... Sie nahm es nicht gut auf, aber sie sprach nicht, weil er ein Königssohn war. Was könnte sie mit dem schon machen? Am nächsten Tage kam er wieder. Er sprach: »Einen schönen guten Tag dir, Lehrerin mit hundertundeiner Schülerin! Und der Gärtnerstochter zweimal guten Tag wegen ihres süßen Kusses unterm Pomeranzenbaum!«

Nun hatte sein Vater aber verfügt: Wer immer sich einfände und mit seinem Pferd über einen Fluß spränge, ohne daß sein Pferd ins Wasser stapft, sondern wer im Sprung über den Fluß setzen könnte, bekäme vom König ein Stück Boden – viele Morgen Boden und Geld dazu. Den würde der König reich machen. Da machte sich jene Gärtnerstochter, ein aufgewecktes Mädchen, auf den Weg, um ein Pferd zu kaufen. Das stellte sie in einen Stall. Die Gärtnerstochter hatte also das Pferd in einen Stall gestellt, sie fütterte es mit Heu, mit wildem Haferkraut, sie machte Übungen mit ihm. Nach einiger Zeit ritt sie an jenen Fluß, machte dort Übungen mit dem Pferd – so lange, bis es hinüberspringen könnte. Als ein Monat vergangen war, wurde das Pferd geschickter, und auch die Jungfrau war sehr geübt. Eines Tages konnte es aber wieder nicht springen. Sollte sie es schlagen? Sie dachte nach, sagte dann zu sich: Ich will dem Pferd den Hintern mit einem Korken versperren, so sagte sie zu sich, damit es so den Schwung kriegt, den Fluß im Sprung zu nehmen. Sie ging daran ... Nach zwei Tagen setzte das Pferd tatsächlich hinüber. Sie machte es noch einmal, das Pferd sprang. Dreimal sprang das Pferd hinüber.

Hm ... An dem Tage, an dem sich all die prächtigen kräftigen Jünglinge versammelten, die Königssöhne, auch arme Jünglinge, reiche Jünglinge ... ritt auch sie dahin. Wer immer mit seinem Pferd über den Fluß setzen würde, bekäme ja vom König jenes Geschenk. Auch aus anderen Ländern waren Königssöhne gekommen und allerlei reiche und arme Leute – auch nur um zuzugucken, wer wohl über den Fluß setzen würde. Zuletzt, als schon alle an der Reihe gewesen waren und keiner von ihnen auf dem Pferd hinüberspringen konnte, kam also sie – wie ein Jüngling angezogen. So hatte sich dieses Mädchen gekleidet, in Männerkleider. Sie schwang sich auf das Pferd, geschult, wie sie war – das Pferd und sie hatten ja zwei Monate lang geübt –, und dann ließ sie mit einer Gerte in der Hand das Pferd den Fluß im Sprunge nehmen. Sie hatte noch einen Korken gehabt und den wieder in seinen Hintern gesteckt, damit das Pferd tüchtig Schwung kriegte ... Hinterher trat der Königssohn an den kühnen Jüngling heran. Er sprach: »Möchtest du mir das Pferd verkaufen, mein prächtiger kräftiger Jüngling? Ich gebe dir dafür, soviel du willst. Wieviel willst du haben? So viel, wie dir mein Vater versprochen hat, daß du bekommen sollst, weil du diesen Sprung vollführt hast? Ich will ihn veranlassen, daß er dir doppelt soviel geben soll. Du sollst mir aber das Pferd geben ...« »Auf keinerlei Weise gebe ich dir das Pferd, das habe ich bei mir wie meinen eigenen Bruder, das kann ich dir gar nicht geben.« »Nein – du wirst mir das Pferd geben! Du mußt es mir geben!« Darauf erwiderte der Jüngling: »Ich will dir etwas sagen. Wenn du willst, daß ich es dir geben soll, mußt du es auf den Arsch – wie man so sagt – küssen, damit ich es dir geben kann.« Da rief der Königssohn: »Aber das ist doch eine Schande!« rief er. »Auf diese Stelle sollte ich, ein Königssohn, das Pferd küssen?« »Aber da ist gar nichts dabei ... Wir gehen in aller Heimlichkeit an einen Platz, damit du es dort küssen kannst. Es ist ja nur ein Kuß – dann bekommst du das Pferd. Ich will weder Geld noch sonst irgend etwas.«

Und der Königssohn ging auch mit. Das Pferd führten sie hinter sich her. Sie hatte den (richtigen) Platz herausgefunden. Es war dort auch eine Quelle, und es floß auch Wasser dort. – Bis der Königssohn dann soweit ist, das Pferd zu küssen, zog sie den Korken heraus, ohne daß er es gewahr wurde. Sie hatte dem Pferd wieder den Hintern versperrt. Und nun machte das Pferd den Königssohn voll ... Sie rief: »Ach!« rief sie. »Das ehrlose Pferd!« rief sie. »Dieses ehrlose Pferd hat dich ja beschmutzt, Königssohn.« Er fragte: »Was nun? Was machen wir nur jetzt?« Darauf sagte sie: »Da! Dort ist Wasser«, so sagte sie. Da sie ja ein Mädchen war, machte sie sich ganz ganz flink daran, seine Kleider auszuwaschen, sein Gesicht zu säubern ... Sie machte ihn wieder ganz rein. Und dann gingen sie fort. Sie gab ihm das Pferd. Sie kehrten also zurück, sie stieg ins Auto, fuhr nach Hause, zog Mädchenkleider an. Denn sie war wie ein Jüngling angezogen gewesen, man hatte nicht merken können, daß sie ein Mädchen war.

Als die Lehrerin die Schule wieder aufmachte, kam am nächsten Tag auch der Königssohn. Er sprach: »Einen schönen guten Tag dir, du Lehrerin mit hundertundeiner Schülerin! Und der Gärtnerstochter zweimal guten Tag wegen ihres süßen Kusses unterm Pomeranzenbaum!« Da aber sagte die Jungfrau: »Und dir auch ...«, sagte sie, »wegen deines süßen Kusses auf den Hintern meines Pferdes!« so sagte sie. Da geriet der Königssohn außer sich, wie von Sinnen war er. So sehr beleidigte sie ihn vor den jungen Mädchen –

vor den Königstöchtern, den Prinzessinnen, die doch für ihn, versteht sich, Mädchen zum Heiraten waren. Aber er sagte nichts.

Dann ging er aber zum Gärtner, und zu dem sprach er: »Hör, mein Gärtner, ich liebe deine Tochter und will sie zur Frau haben.« Der Gärtner erwiderte jedoch: »Ach, junger Mensch, du bist nichts für meine Tochter. Meine Tochter ist arm«, erwiderte er, »sie ist eine Gärtnerstochter, du wirst eine Königstochter, eine Prinzessin nehmen«, erwiderte er, »du wirst nicht meine Tochter nehmen, die nicht aus deinen Kreisen ist, daß du sie überhaupt nehmen könntest.« »Ich will sie aber nehmen«, sprach der Königssohn. Der Gärtner erwiderte: »Schon gut ...« Da der Königssohn jedoch beharrlich war, sagte der Gärtner dann, damit er fortginge: »Das Mädchen soll kommen, wir wollen es fragen, und wenn es zu uns sagt: ›Ja, ich will ihn nehmen‹ ... nun gut.« Die Tochter kam. Da sprach der Gärtner: »Soundso steht es ... Der Königssohn ist hier gewesen und freit um dich, will dich heiraten.« »Und was habt Ihr ihm gesagt?« fragte das Mädchen. Der Gärtner antwortete: »Wir haben ihm gesagt, daß er für uns nichts ist und daß er ein besseres Mädchen nehmen soll, sei es nun eine Prinzessin, sei es eine Königstochter – ein Mädchen seines Ranges.« »Nein! nicht«, rief da das Mädchen, »ich will ihn ja nehmen!« rief es. »Wollt Ihr gar nicht das Gute Eures Kindes?« fragte es, »wollt Ihr mich nicht zur Königin machen? Nur verjagen wollt Ihr den Königssohn?« Darauf sprach der Vater: »Da du es also willst, meine Tochter«, sprach er, »werden wir es ihm sagen«, so sprach er. »Nimm ihn ...«

Der Königssohn kam. Da sprach der Gärtner: »Die Tochter«, sprach er, »stimmt mit dir überein, sie will dich nehmen.« Sie schlossen also das Verlöbnis. Und in zehn Tagen schon sollte die Hochzeit sein.

Was tat wohl die Gärtnerstochter, solch ein kluges Mädchen, nun? Hm, sie machte sich auf den Weg und gab bei einem Zuckerbäcker eine Bestellung auf: eine Zuckerpuppe ganz von ihrer Größe, von ihrer Schönheit, in allem ganz wie sie – in den Haaren, in allem. »Das nur müßte auch noch sein«, sagte sie zu dem Zuckerbäcker, »die Puppe soll eine Sprungfeder haben ... Eine Sprungfeder soll die Puppe haben, so daß sie sich neigen und wieder aufrichten kann. Zieht man an der Feder, neigt sie sich, läßt man die Feder los, richtet sie sich wieder in den Sitz auf ... Also! Bring die Puppe an dem und dem Tag.«

Der Zuckerbäcker kam ... er übergab dem Mädchen die Puppe. Das Mädchen nahm sie mit nach oben. Darunter gab es nun noch ein Stockwerk; noch ein Geschoß war darunter, und zu dem gab es auch eine Tür. – Dann zog die Jungfrau der Puppe ihr Nachtkleid an. Wenn es soweit wäre, daß sie in ihr Bett gehen würde, würde sie die Puppe an ihren Platz legen ...

Es wurde Hochzeit gefeiert. Danach ging man wieder auseinander. Das Ehepaar begab sich in sein Schlafzimmer, um sich zur Ruhe zu legen. Die Jungfrau ging als erste hinein. Sie legte die Brautkleider ab, ließ sie an ihrem Platz – öffnete die Tür und stieg in dieses Untergeschoß. Er, der Königssohn also, trat dann auch ein. Er sprach: »Ah ... So steh'n also die Dinge. Und wie ist das mit meinem süßen Kuß auf den

Pferdehintern (hat's den je gegeben)?« »Ja«, sagte die Jungfrau. Da riß der Königssohn an der Puppe, und die Puppe neigte sich. Die Jungfrau hat von unten her gesprochen und hat also »ja« gesagt. Er schrie: »Ah! Und das sagst du auch noch?« »Und das sag' ich auch noch!« Und der Königssohn riß wieder an der Puppe, und die Puppe neigte sich. – Unterdessen hat er aber auch das Messer hervorgeholt, und er schlachtete das Mädchen hin. Er meinte vielmehr, es sei das Mädchen ... er wußte nicht, daß es die Puppe war. Mit dem Messer streifte er auch ihre Lippen – und das Blut war ja Obstsaft! Da sagte die Jungfrau von unten her den Spruch: »Dein Blut sogar war Honig«, sagte sie, »dein Blut sogar war süß ...«, sprach sie von unten her. Der Königssohn fing zu schreien an: »Im Namen Gottes«, schrie er, »im Namen Gottes, du bist lebendig?« schrie er. »Oder all das könnte Einbildung sein?« fragte er ... »all das könnte Einbildung sein?« fragte er. »Wenn du lebendig bist, so zeig dich!« forderte er sie auf. »Ich hatte dich niedergestochen, daß die Wut vergeht ... Aber nun laß mich nicht Qualen leiden«, sagte er, »denn ich könnte noch um den Verstand kommen«, sagte er. Da klappte sie die Tür auf und kam oben heraus. Er entbot ihr den Gruß und sprach zu ihr: »Um deiner Klugheit willen bist du würdig, Königin zu werden! Ich hab' dir den Garaus gemacht, aber du warst so klug, statt deiner die Puppe hinzulegen. Und jetzt wollen wir zusammen leben, denn du bist würdig, Königin zu sein.« Und dann haben jene gut gelebt – so wird erzählt – und wir noch besser.

Bhangāswana

Judhischthira fragte: Wenn Mann und Weib sich vereinigen, welches von beiden hat dabei wohl das stärkere Gefühl? Geruhe, o König, diesen meinen Zweifel zu lösen und mir zu sagen, wie sich's damit verhält.

Bhischma antwortete: Auch in bezug darauf erzählt man eine Geschichte aus alter Zeit, wie sich dereinst Bhangāswana Indras Feindschaft zugezogen hat.

In Vorzeiten nämlich lebte ein königlicher Weiser namens Bhangāswana, der peinlich den Pflichten nachlebte, welche Gesetz und Religion ihm auferlegten. Da er keine Söhne besaß, so brachte er ein Opfer dar, um durch dasselbe Söhne zu gewinnen. Der mächtige Königsweise brachte den Agnischtut dar, das Opfer, welches den Feuergott Agni verherrlicht und Indra verhaßt ist. Die Menschen bringen es dar als Sühnopfer, oder wenn sie männliche Nachkommenschaft begehren.

Als der selige Götterkönig Indra von diesem Opfer erfuhr, suchte er an dem Königsweisen, sosehr dieser sich zu beherrschen verstand, eine Blöße zu entdecken; zunächst aber gelang es ihm nicht, an dem Hehren irgend etwas zu finden, was ihm Gewalt über ihn verliehen hätte. Einige Zeit darauf jedoch zog der König auf die Jagd. Indra dachte: »Jetzt hat er sich eine Blöße gegeben!«, denn auf die Jagd zu ziehen, gilt für einen König als Laster. Und nun vermochte er ihn zu verblenden, so daß der König, welcher ganz allein war, von seinem Roß in die Irre geführt ward. Hunger und Durst quälten ihn; er vermochte sich nicht zurechtzufinden. Je mehr er bald in dieser, bald in jener Richtung dahinjagte, desto durstiger und abgehetzter wurde er. Plötzlich gewahrte er einen weithin leuchtenden See, voll des herrlichsten Wassers, ritt hinein und tränkte in ihm sein Roß. Nachdem sein Pferd sich an dem Wasser satt getrunken hatte, band es der treffliche Fürst an einen Baum und tauchte selbst in den See: da ward er zum Weibe.

Als er sah, daß er sich in ein Weib verwandelt hatte, schämte er sich. Heftiger Gram erfüllte seine ganze Seele; seine Sinne und sein Denken waren in mächtiger Erregung: »Wie kann ich jetzt mein Roß besteigen? Wie soll ich in meine Stadt gelangen? Und obendrein: Hundert starke leibliche Söhne sind mir geboren worden durch das Opfer Agnischtut, welches ich dargebracht habe: Was soll ich zu diesen sagen? Was soll ich sagen, wenn ich unter meine Frauen komme, unter die Bewohner meiner Hauptstadt, meines Landes? Die brahmanischen Weisen, denen nichts vom innersten Wesen des Gesetzes verborgen ist, haben Zartheit, schlanken Wuchs und Schüchternheit als Zierden des Weibes, als des Mannes dagegen Ausdauer, Härte und Mut gepriesen. Wer hat mir meine Männlichkeit vernichtet und mich zum Weibe gemacht? Wie kann ich jetzt, da ich ein Weib bin, dies mein Roß besteigen?« Mit großer Anstrengung gelang es dem verwandelten Fürsten trotzdem, sich aufs Pferd zu setzen; dann ritt er in seine Stadt.

Seine Söhne, seine Frauen und Diener, die Bewohner der Stadt und des Landes wußten in ihrer Verwunderung nicht, was sie denken sollten. Da sprach der königliche Weise, dem die Rede zu Gebote stand wie keinem zweiten: »Ich zog auf die Jagd, von meinen Truppen sicher umgeben; das Schicksal trieb mich trotzdem in die Irre. Ich gelangte in einen fürchterlichen Wald. In dieser Wildnis, die von Gefahren strotzte, befiel mich quälender Durst. Ich verlor schier den Verstand. Da sah ich einen in hellem Glanze weithin leuchtenden See, der von zahlreichem Wassergeflügel bevölkert war. In diesen stieg ich hinab, und das Schicksal wollte es, daß ich dadurch zum Weibe wurde.« Dann wies er sich dadurch aus, daß er die Namen und die Familien seiner Frauen und seiner Minister nannte, und sagte zu seinen Söhnen: »Genießt zusammen die Herrschaft, meine Söhnchen, in Eintracht und Liebe; ich aber gehe in den Wald.«

So sagte er zu seinen hundert Söhnen, begab sich in seiner Frauengestalt in den Wald und suchte die Einsiedelei eines Asketen auf, dem er sich anschloß.

In der Einsiedelei aber empfing die Frau von dem Asketen hundert Söhne; mit diesen allen ging sie zu ihren älteren Söhnen und sagte zu ihnen: »Ihr seid die Söhne, die mir geboren wurden, als ich noch ein Mann war, und diese hundert Söhne wurden mir geboren in meinem Frauendasein. Da ihr also Brüder seid, liebe Söhne, so teilt euch brüderlich den Genuß der Herrschaft.«

Von nun an genossen alle diese Brüder die Herrschaft gemeinsam. Als aber der Götterkönig Indra sah, wie sie zusammen das schöne Reich genossen, da drohte ihn die Wut zu ersticken. Er dachte: »Einen

Dienst habe ich dem Königsweisen erwiesen, anstatt ihm zu schaden!«

Darauf nahm der Götterkönig die Gestalt eines Brahmanen an, begab sich in die Hauptstadt und säte Zwietracht unter den Königssöhnen: »Brüderlichkeit unter Brüdern? Gibt's ja gar nicht! Götter und Titanen gerieten gar bald in Fehde um die Herrschaft, und waren doch alle Söhne eines und desselben Vaters Kaschjapa. Ihr seid Bhangāswanas Sprossen, die anderen aber sind die Söhne eines Mönchs, während Götter und Titanen doch alle Söhne Kaschjapas waren. Und euer väterliches Reich genießen die Söhne des Mönchs!« Als Indra sie so entzweit hatte, vernichteten sie sich gegenseitig im Kampfe. Die Asketin erfuhr das und weinte bitterlich. Da trat Indra in Brahmanengestalt vor sie und fragte sie: »Welcher Kummer bedrückt dich, schöne Frau, daß du so weinst?« Sie sah den Brahmanen an und erwiderte in rührender Klage: »Zweihundert Söhne, Brahmane, hat das Schicksal mir vernichtet. Ich bin einst ein König gewesen, Brahmane, und hundert Söhne wurden mir geboren, schöne Söhne, edler Brahmane! Da ritt ich einst auf die Jagd, verirrte mich im dichten Walde, badete in einem See und ward zum Weibe. Ich setzte meine Söhne zu Königen ein über mein Reich und suchte meine Zuflucht im Walde. Hier gebar ich als Weib einem edlen Asketen in seiner Einsiedelei gleichfalls hundert Söhne und führte sie nach meiner früheren Residenz. Das Schicksal verfeindete und vernichtete sie, und darum klage ich, Brahmane; denn das Schicksal drückt mich völlig nieder.«

Indra indessen rührte ihr Kummer nicht; mit harten Worten erwiderte er: »Einst hast du, meine Gute, mir ein unerträgliches Leid zugefügt; du brachtest ein dem Indra verhaßtes Opfer dar und ließest es feiern, ohne mich dazu zu laden. Ich bin Indra, du Närrin; ich habe dir deine Feindseligkeit heimgezahlt!«

Als der königliche Weise sah, daß er es mit Indra zu tun hatte, legte er ihm sein Haupt zu Füßen und sprach: »Sei mir gnädig, Bester der dreißig Götter! Nur um Söhne zu erlangen, habe ich dies Opfer dargebracht. Gewähre mir gütig dafür eine Verzeihung!«

Des Königs Fußfall versöhnte Indra, so daß er ihm eine Gnadengabe freistellte: »Sprich, König, welche der beiden Gruppen deiner Söhne soll ins Leben zurückkehren, die in deinem Frauendasein Geborenen oder die, die dir als Mann geschenkt wurden?«

Da legte die Asketin die Hände zusammen und sprach: »Rufe mir diejenigen Söhne ins Leben zurück, die mir in meinem Frauendasein beschieden waren!« Indra fragte verwundert das Weib: »Weshalb hassest du die Söhne, die du als Mann erzeugtest? Wie kannst du diejenigen mehr lieben, die dir in deinem Frauendasein geboren wurden? Ich möchte den Grund davon erfahren; sei so gut und teile ihn mir mit!« Die Asketin erwiderte: »Größer als des Mannes Liebe ist die des Weibes; darum, Indra, belebe mir die, die ich als Weib geboren!«

Als Indra das gehört hatte, sagte er freundlich diese Worte: »Du hast die Wahrheit gesprochen; zum Lohne sollen alle deine Söhne wieder aufleben, und du darfst dir nach Wahl noch eine Gunst von mir erbitten, gelübdetreuer Fürst der Könige: Willst du hinfort als Mann leben oder als Weib?« Das Weib erwiderte: »Die Frauennatur begehre ich, Indra; nach Männerdasein trage ich kein Verlangen.« Auf diese Worte entgegnete der Götterkönig dem Weibe: »Weshalb, o Fürst, verschmähst du, ein Mann zu sein und begehrst, ein Weib zu bleiben?« Der treffliche weiblich gewordene König erwiderte: »Bei der Vereinigung mit dem Manne empfindet stets das Weib den größeren Genuß. Aus diesem Grunde, Indra, wähle ich mir nur die Frauennatur. Als Weib genieße ich stärker, verlaß dich drauf, Bester der Götter! Mein Frauendasein befriedigt mich vollkommen; du kannst gehen, Beherrscher der Dreißig!«

Indra sagte: »So sei es!«, nahm Abschied und kehrte in den Dreihimmel zurück. Und so kommt es, Großkönig, daß man sagt: »Das Weib hat größeren Genuß.«

Die Geschichte von Sigurd und seiner Schwester

Da waren also ein König und eine Königin in ihrem Reiche, die hatten zwei Kinder, und ihr Sohn hieß Sigurd, aber der Name des Mädchens war nicht bekannt. Nun, sie wuchsen dort auf, aber es war Brauch in dem Lande, daß sie alle etwas lernen mußten, auch Königskinder mußten allerlei Fertigkeiten erlernen, die Mädchen geradeso wie die Jungen: mit den Waffen umgehen und reiten, auf Reittouren und alles, und überhaupt alle Arten Fechten und so, und das Kind, welches tüchtiger in allen diesen Dingen war, das erbte dann, ob Mann oder Frau, die Herrschaft im Reich.

Nun verging so eine Zeit, und die Kinder wuchsen dort bei ihren Eltern auf, und ihnen wurden alle diese Künste beigebracht; aber das Mädchen war Sigurd immer um die Hälfte voraus, und da geschah es nun, daß ihr Vater starb. Als er gestorben war, da erwarteten alle, daß allein sie die Herrschaft übernähme. Das erschien Sigurd so unerträglich, daß er zu seiner Schwester sagte, er möchte aus dem Reiche weggehen, er möchte nicht hierbleiben. Und sie war damit einverstanden, und da machte er sich halt fertig und nahm nur wenig Sachen mit sich und ging fort in die weite Welt.

Von seiner Reise wird nichts erzählt, er ging nur und ging. Er hatte nur ganz wenig bei sich, Geld oder so, aber da überfielen ihn ein paar Räuber und raubten ihm das, und nun war ihm nichts geblieben, nichts von allem, und er kam eigentlich ohne alles in so ein Königreich, und dort war ein König, ein junger König, unverheiratet. Und der hieß Sigurd, gerade wie jener Bursche. Nun bat er, ob er nicht im Königsschloß irgendeine Arbeit kriegen könnte. Er sagte nichts davon, wer er sei, aber dem König gefiel er schrecklich gut, und er nahm ihn gut auf, weil er ihn in seinem Königreich haben wollte; und so bat er ihn, er sollte immer bei ihm bleiben, und er mußte ihn immer begleiten, wohin er auch ging, und sie verstanden sich sehr gut, sie waren wie ein einziger Mensch. Aber damit war er noch nicht zufrieden, er mochte ihm auch noch Wohnung im Königspalast bei sich geben. Aber nun war da ein Ratgeber bei ihm, und der duldete das nicht, der hieß Raud, Raud der Ratgeber. Der also duldete das nicht, und er fand, der König tue allzuviel für den Ankömmling, und jetzt suchte er, so sehr er nur konnte, um irgend etwas ausfindig zu machen, was Sigurd herabsetzen konnte. So hockte er auch immer am Schlüsselloch und schaute am Abend zu Sigurd hinein, wenn der in sein Zimmer gekommen war, aber Sigurd war immer ganz still und ruhig. Da sah er eines Abends, daß er sich niederkniete, und dabei hatte er ein Bild vor sich. Und da machte Raud gleich kehrt und ging zum König und sagte, Sigurd bete den Teufel an, und dort, dort habe er's gesehen, der Teufel habe ihn bei sich in seinem Gefolge. Aber der König sagte, das glaube er nicht.

»Ja, dann sollst du's selber sehen, am nächsten Abend.«

So verging nun der nächste Tag, und Sigurd wurde vom König freundlich behandelt, wie er es gewohnt war von dem jungen König. Aber dann ging der König mit Raud zu Sigurds Tür, und er sah durch das Schlüsselloch so wie Raud, daß sich Sigurd vor irgendeinem Bild niederkniet; der König wußte nicht, was für ein Bild das war oder was es sonst war. Und da schlug er an die Tür und befahl, ihm aufzumachen, aber Sigurd beeilte sich und nahm das Bild und steckte es weg, und dann erst machte er auf. Der König sagte, was er denn gerade getan habe, und Sigurd sagte, er habe gerade gebetet. Der König sagte, das sei nicht wahr, denn er habe doch etwas vor sich gehabt, er bete da Götzen an. Sigurd sagte, er bete so etwas nicht an, er habe nur sein Gebet verrichtet, und hier sei nur ein Bild gewesen, ein Bild seiner Schwester, das er da vor sich hatte, und er bete für sie gerade so wie für sich selber. Da sagte der König, er solle ihm doch erlauben, das Bild anzusehen. Ja, sagte er, das könne er kriegen, und er nahm das Bild und zeigte es dem König; aber da lachte Raud laut auf und sagte, das sei doch gar nicht das Bild seiner Schwester, das Bild gleiche seiner Schwester überhaupt nicht, denn er kenne sie ja. So, sagte Sigurd, wenn er sagt, daß das nicht wahr ist, da kann er sie ja gar nicht kennen. Doch, sagte Raud, er kenne sie gut, aber das sei eben kein Bild von ihr, es sei ihr überhaupt nicht ähnlich. Und so und so und so, bis der König sagte, er solle nur gehen und sie suchen, wenn er sie so gut kennt. Aber ihn ließ er ins Gefängnis bringen, den Sigurd.

Sigurd wurde also ins Gefängnis gebracht, und Raud zog aus, um seine Schwester zu suchen. Und von seiner

Fahrt wird nichts erzählt, aber als er zurückkam, da hatte er eine Frau bei sich, die war aber dem Bilde gar nicht ähnlich, und sie war auch nicht einmal halb so schön, und da sagte Raud, da könne der König ja nun sehen, da sehe er ja, wie Sigurd gelogen hat: Auf dem Bild, das war nicht seine Schwester. Und so und so und so, und nun rief man Sigurd, und der König zeigte ihm ein Bild der Frau, die mit Raud gekommen ist. Da sagte Sigurd, das sei nicht ein Bild von seiner Schwester, das sei seine Schwester nicht. Aber Raud sagte dazu, gewiß sei das seine Schwester, und er kenne sie doch gut, und er wisse es.

Na ja, sagte Sigurd, das sei ja sehr gut, wenn er sie kennt, aber dann solle er doch auch sagen, was für ein Kennzeichen an ihr sei, das andere Mädchen nicht haben, sie trage es seit ihrer Geburt, und er solle sagen, was es sei und wo es sei.

»Ach was«, sagte er, das wisse er nicht, auch wenn er so oft bei ihr gewesen sei, so etwas wisse er doch nicht, er wisse nicht, was es ist, aber vor dem nächsten Weihnachtsfest würde er es schon herausbringen!

Und so blieb Sigurd im Gefängnis, und Raud machte sich auf den Weg. Und da ging er – von seiner Fahrt wird sonst nichts erzählt, bis er in das Königreich kam, wo Sigurds Schwester daheim war, und er kam in ein Gasthaus oder Wirtshaus, und da fragte er den Wirt nach der Königin, aber der sagte, er wisse nur ganz wenig über sie. Da fragte Raud, an wen er sich denn wenden könne, der sie gut kenne; ja, das sei sicherlich ihre Pflegemutter, die sie aufgezogen hat, als sie ein Kind war. – Er solle ihm sagen, wo sie wohne. Und der Wirt sagte ihm, daß sie draußen allein für sich lebe. Raud ging also hinaus zu ihr und tat sehr freundlich, und er gab sich sogar den Anschein, als wolle er sie heiraten, und sie war ganz glücklich.

So, eines schönen Tages, als er so etwa einen halben Monat dort gewesen ist, da sagte er zu ihr, ja, wie es denn eigentlich mit dem Mädchenkönig stehe, ob sie irgendwas – ein besonderes Geburtsmal oder Zeichen trüge, das andere Mädchen nicht haben. Ja, sagte sie, das sei so, aber sie sei durch einen Eid gebunden und dürfe das nicht sagen. – Ja, er denke halt, das sei doch egal, ob sie ihm das nun erzählt oder ob sie es für sich behält, denn von ihm würde es niemand erfahren. Na, und da sagte sie es ihm: Die Königin habe eine Warze auf dem Schenkel, und darauf sei – darauf seien drei Haare, zwei Silberhaare und ein Goldhaar. Ja, sagte er, das sei seltsam, und dann sprachen sie nicht mehr darüber. Aber am Morgen danach, als sie aufstand, da war er einfach verschwunden, und sie war fast von Sinnen darüber, daß sie ihm dies erzählt hat, denn nun wußte sie, daß er die Königstochter betrog, den Mädchenkönig.

Von Raud ist nun zu erzählen, daß er wieder nach Hause kam, und jetzt ließ man Sigurd rufen. Er wurde aus dem Gefängnis gebracht, jetzt ließ man ihn holen. Also, da sagte der König, jaja, nun sei Raud gekommen, und nun müßte er sagen, ob er es jetzt wüßte. Ja, sagte Sigurd, ja, das sei ja ausgezeichnet, jetzt solle er nur sagen, was das für ein Merkmal sei. Da sagte Raud, das sei leicht für ihn, es sei einfach für ihn gewesen, das zu erfahren, denn er sei ja bei ihr gewesen: Das sei halt eine Warze mit drei Haaren darauf, mit zwei Silberhaaren und einem Goldhaar. – Ja, sagte Sigurd, das sei richtig, und dann sagte er, nun könnten sie ihn – also, nun würden sie ihn wohl hinrichten, aber er bat den Königssohn um eins, und das sei, daß man ihn heim zu seiner Königshalle führe, man solle ihn nur fesseln, wie er eben sei, und man solle ihn dreimal im Kreis um die Königshalle fahren, und er würde auch mit niemandem sprechen. Der König sagte, es sei ganz selbstverständlich, daß ihm das gewährt würde, ehe man ihn aufhinge. Und so geschah's, man ließ ihn also in einem Wagen fahren und Leute mit ihm und andere folgten ihm nach, sie begleiteten ihn, und so ist nichts von der Fahrt zu erzählen, bis sie heim zu seiner Königshalle kamen. Und da gab er ihnen den Auftrag, daß sie mit ihm rundum im Kreis fahren sollten, rundum im Kreis um die Halle fahren, dreimal. Das machten sie. Die Königin, der Mädchenkönig, sah das, sie schaute aus dem Fenster zu, und ihr schien das seltsam, eine merkwürdige Fahrt, und sie ging, ging also hinaus. Als sie das dritte Mal herumkamen, da ging sie hinunter zum Wagen und schaute hinein. Da erkannte sie gleich ihren Bruder und sah, daß er gefesselt war, und da winkte er sie zu sich und gab ihr eine Riesenohrfeige. Und dann gab er ihnen den Auftrag, nur weiterzufahren. Und sonst passierte nichts, es war von ihrer Fahrt nichts zu erzählen, er wurde jetzt in das Königreich zurückgebracht, wo er vorher war, und wurde wieder ins Gefängnis geworfen, und dort sollte er warten, bis er aufgehängt würde.

Aber jetzt war es die Königstochter, die was zu tun hatte, der Jungfraukönig, der nicht ohne Arbeit blieb. Sie fuhr zu ihrer Pflegemutter und fragte sie, ob sie irgend jemandem das offenbart hat, das niemand wissen darf. Sie erzählte ihr alles, wie es gewesen war. Die Königin ließ sie ins Gefängnis bringen. Dann rief sie die allerbesten Handwerksmänner und -frauen zusammen, die es in dem Reiche gab, und sie befahl ihnen, einen so wunderschönen Handschuh zu machen, daß man noch niemals einen gleichen gesehen hat. Und der sollte so sein: Man sollte alles an Gold und Edelsteinen nehmen, was sie hatte, was es im ganzen Reich gab, und er sollte aus reinem Gold und aus Edelsteinen gemacht werden, so schön, wie man noch nie einen gesehen hatte, einen Handschuh für die rechte Hand. Und sie müßten ihn fertig haben nach einer Woche, da müßten sie fertig sein. Ja, ja, sie versprechen es, sie werden fertig sein. So verging die Zeit, und als die Woche vorbei war, da kam sie also, und sie übergaben ihr den Handschuh, und der war so schön, ja, das kann man gar nicht mit Worten beschreiben. So machte sie sich nun auf den Weg und sagte niemandem etwas davon, sie fuhr Tag und Nacht, und es ist von ihrer Fahrt nichts zu erzählen, bis sie in das Königreich kam, in dem ihr Bruder war. Sie ließ dem König eine Botschaft senden, und da war es gerade soweit, daß man Sigurd an den Galgen bringen, ihn aufhängen wollte, und man richtete eben den Galgen auf. Sie sagte, sie wollte mit dem König sprechen, und sie kam und sprach mit dem König, und er sagte ihr, er würde ihr jede Bitte erfüllen, worum sie ihn auch bäte, denn sie gefiel ihm sehr gut, jede Bitte, die sie an ihn hätte, würde er ihr erfüllen, nur nicht den Gefangenen geben, den bekäme sie nicht. Ach, sagte sie, der da, der kümmere sie gar nicht, sie kennt ihn nicht, sie schert sich nicht um ihn; sie möchte dem König nur sagen, daß da ein Mann in seinem Reiche sei, der ihr einen Handschuh gestohlen habe, und sie möchte, daß er gefangengenommen würde. Was für ein Handschuh denn das gewesen sei, sagte der König. Sie zeigte ihm nun den Handschuh, den sie hatte machen lassen, und sagte, der andere sei noch um die Hälfte kostbarer gewesen. Und der König sagte, ob er denn vielleicht diesen Mann kenne. Ja, sagte sie, das ist Raud, sein Ratgeber. Da kam Raud hervor und lachte laut auf und sagte, was das denn sei, was sie da herumspioniere, was sie ihm denn da vorwerfe – er habe dieses Frauenzimmer noch nie zuvor gesehen. Und da sagte sie, das sei wahr, er habe sie wirklich noch nie zuvor gesehen, aber er habe sie um etwas bestohlen, was noch viel mehr Wert habe als der Handschuh da, er habe ihr die Ehre gestohlen, und sie wollte, daß er gehängt würde. Das kam nun dem König etwas komisch vor, er dachte, das müßte seltsam zugegangen sein, und da fragte er sie, was das alles auf sich habe, und sie erzählte ihm alles, wie es war: Sie sagte, sie sei die Schwester von Sigurd, und sie habe diesen Raud noch nie vorher gesehen. Da merkte der König, daß alles nur Lüge war, was von Raud gekommen ist, und daß es seine eigene Schwester war, die Raud an Stelle des Jungfraukönigs mitgebracht hatte.

Nun wurde Sigurd natürlich freigelassen, und der andere wurde gebunden und aufgehängt. Und jetzt wurde ein großes Fest gehalten, und König Sigurd bat seinen Namensbruder, er möchte ihm seine Schwester zur Frau geben. Der meinte jedoch, darüber müßte sie selber bestimmen, er hätte nicht über sie zu bestimmen. Sie aber sagte, ihr sei es recht, sie sei damit einverstanden, daß sie seine Frau wird.

Und so übernahm nun ihr Bruder Sigurd ihr Reich, also sein Vatererbe, sie aber blieb in dem anderen Reich zurück. Dort wurde ein prächtiges Fest gehalten. Sie liebten einander sehr und lange. Und weiter weiß ich die Geschichte nicht.

Als die Dämonen lachten

In vergangenen Zeiten lebte einmal irgendwo ein sehr reicher Mann. Dessen allerliebste, einzige Tochter sollte in ein Dorf in weiter Ferne heiraten. Als nun der Tag der Hochzeit anbrach, kamen vom Haus des Bräutigams prunkvolle Sänften, um sie abzuholen; so gaben ihr nicht nur die Mutter, sondern auch die Verwandten in zahlreichen Sänften das Geleit; und unter den nekkenden Rufen »Junge Frau! Junge Frau!« überschritten sie Bergrücken und Gebirgspässe. Da senkte sich plötzlich vom Himmel eine tiefschwarze Wolke herab und verhüllte die Sänfte der Braut. Während alle noch riefen: »Was ist los? Was sollen wir tun?«, entführte die schwarze Wolke die Braut mit ihrer Sänfte in die Lüfte.

Als die Mutter sich nun ihrer geliebten Tochter beraubt sah, machte sie sich Sorgen, bis sie nahe daran war, den Verstand zu verlieren, und sprach: »Nie und nimmer werde ich aufhören, nach meiner Tochter zu suchen!« Sie packte sich gekochten Reis auf den Rükken und durchstreifte suchend das Gebirge ohne einen Hinweis, der ihr gesagt hätte, wohin. Bei dieser Suche über Felder und Berge hinweg neigte sich der Tag dem Ende zu. Da erhob sich ihr gerade gegenüber ein kleiner Tempel. Dorthinein ging sie und sprach: »Wenn er auch äußerst armselig ist, so ist es doch vielleicht möglich, für diese Nacht ein Obdach zu erhalten!« Da trat von drinnen eine Nonne heraus und erklärte: »Es gibt hier zwar weder wärmende Kleider noch Essen, aber übernachten könnt Ihr jedenfalls.« Die Mutter ging also in den Tempel hinein, und weil sie müde war, legte sie sich sofort nieder. Da zog die Nonne ihr eigenes Gewand aus und hieß es sie überziehen. Nachdem sie es angezogen hatte, sprach die Nonne folgendermaßen: »Eure Tochter, die Ihr sucht, wurde in das Haus eines Dämons jenseits des Flusses entführt. Da aber am Fluß ein Riesenhund und ein Geisterhund Wache halten, ist es unmöglich, dorthin zu gehen. Sei es nun auch so, wenn sie einmal ein Mittagsschläfchen halten sollten und Ihr diese günstige Gelegenheit wahrnehmt und versucht hinüberzugehen, so dürftet Ihr vielleicht hinüberkommen. Doch da ist eine Brücke, die man die Soroban-(Kugel-)Brücke nennt; ihr sind Kugeln in großer Zahl eingebaut, also müßt Ihr sie so überqueren, daß Ihr nicht auf die Kugeln tretet. Wenn Ihr stets daran denkt, nicht auf die Kugeln zu treten, könnt Ihr sicher sein, wieder in Euer Heimatdorf zurückzukehren.«

Am nächsten Morgen wurde die Mutter von einem raschelnden Geräusch aufgeschreckt und öffnete die Augen. Da waren um sie herum nichts als Schilffelder, und da der Tempel fehlte, war natürlich auch die Nonne nirgends zu sehen. Nur die Schilfgräser rauschten traurig im Morgenwind; die Mutter aber hatte einen von Regen und Wind gebleichten Grabstein zum Kopfkissen genommen und darauf geschlafen. »Frau Nonne, ich danke Euch!« rief sie und erstattete so ihren Dank. Als sie nun auf dem ihr gewiesenen Weg in die Nähe des Flusses kam, hielten der Riesenhund und der Geisterhund wirklich gerade ein Schläfchen; so überquerte sie bei dieser Gelegenheit mit aller Vorsicht, um nicht auf die Kugeln der Soroban-(Kugel-)Brücke zu treten, den Fluß. Nachdem sie mit vieler Mühe den Fluß überschritten hatte und vorwärtseilte, ertönte das vertraute Geräusch eines Webstuhles: Chan-chan-chan-karin! Unwillkürlich rief die Mutter: »Töchterchen!« Da erschien die Tochter, und beide liefen aufeinander zu und umarmten sich und freuten sich.

Nach einer Weile setzte die Tochter der Mutter in großer Eile den Abendreis vor und sprach: »Wenn du von dem Dämon gefunden würdest, gäbe es ein großes Unglück!« Und dann verbarg sie die Mutter in einer Steinkiste. Bald darauf kehrte der Dämon zurück. »Ich rieche doch ein menschliches Wesen!« rief er und schnüffelte dabei mit seiner Nase herum. Das Mädchen aber entgegnete, daß es das nicht begreife, und erklärte, wenn es aber so sei, solle er doch einfach im Garten die Blumen anschauen gehen. Im Garten nämlich gab es wundersame Blumen: So viele menschliche Wesen im Haus waren, so viele erblühten. Da sich nun an diesem Tag drei geöffnet hatten, kam der Dämon ungeheuer zornig zurück. »Wo hast du den Menschen verborgen?« schrie er und wollte es jetzt sogar packen. Unablässig überlegte das Mädchen, was es tun solle, und plötzlich kam ihm ein Gedanke. »Ich bin schwanger, deshalb sind es drei Blüten!« sprach es. Da freute sich der erzürnte Dämon so, daß er sich fast auf den Kopf stellte. Im Übermaß seiner Freude brüllte er laut und rief seine Diener zusammen: »Ihr Diener auf! Bringt Sake! Bringt Trommeln! Und die Wachen am Fluß prügelt zu Tode!« So schrie er und sprang umher. Auch seine Diener freuten sich, und mit den Rufen

»Wein! Trommeln! Prügelt diesen Riesenhund und den Geisterhund zu Tode!« begannen sie ein großes Gelage.

Bald waren die Dämonen vom Sake schwer betrunken und fielen in Schlaf. Der Oberdämon aber sprach: »Frau, wenn ich eingeschlafen bin, dann lege mich in die Holzkiste!« Erleichtert atmete das Mädchen auf, daß er sich die Holzkiste gewählt hatte. Nach einer Weile legte es den Dämon in diese hinein und schloß ihre sieben Deckel mit sieben Schlüsseln zu. Dann holte es eilig seine Mutter aus der Steinkiste, und beide flohen aus dem Haus des Dämons. Da der Riesenhund und der Geisterhund getötet worden waren und sie auch sonst niemand entdeckte, gingen sie zu dem Schuppen, wo die Fahrzeuge aufbewahrt wurden. Während sie aber noch beratschlagten: »Ist der 10000-Meilen-Wagen oder der 1000-Meilen-Wagen besser?«, erschien die Nonne und sprach: »Weder der 10000-Meilen-Wagen noch der 1000-Meilen-Wagen ist von Nutzen! Flieht schnell mit dem Schiff!« Also bestiegen Mutter und Tochter das Schiff und flohen, so schnell sie konnten, den Fluß hinab.

Als dem Dämon, der in der Holzkiste schlief, die Kehle trocken wurde und er, wie oft er auch »Frau, bring mir Wasser!« brüllte, keine Antwort bekam, brach er gewaltsam die sieben Deckel auf, kam heraus und schaute; aber seine Frau war nicht da. Wo er auch suchte – sie war spurlos verschwunden. »Dieser Balg bildet sich ein, entfliehen zu können!« schrie er und weckte seine Diener auf. Als sie dann zum Fahrzeugschuppen gingen und nachschauten, war das Schiff nicht mehr da. Deshalb gingen alle zum Fluß und suchten dort. Das Schiff von Mutter und Tochter aber war schon in weite Ferne entschwunden. Da befahl der Dämon seinen Dienern: »Sauft das Wasser des Flusses bis zur Neige aus!« Die Scharen von Dämonen gehorchten sofort. Sie steckten ihren Kopf in den Fluß und schlürfend begannen sie das Wasser zu saufen. Dabei saugten sie das Wasser an, und mit diesem kam auch das Schiff von Mutter und Tochter allmählich zurück. Da sie jeden Augenblick in Reichweite des Dämons kommen mußten, schickten sie sich bereits darein, daß es keine Rettung mehr gebe, als ihnen wiederum die Nonne erschien und sprach: »Unverzüglich! Zeigt schnell Euer Geheimstes den Dämonen!« Da hoben sie – zusammen mit der Nonne – zu dritt den Saum ihrer Gewänder. Als die Dämonen dies sahen, lachten sie dröhnend und lachten immer mehr und wälzten sich am Boden und lachten und spien dabei das Wasser, welches sie getrunken hatten, alles wieder aus. Da fuhr das Schiff wieder in die Ferne, und Mutter und Tochter konnten ihr bedrohtes Leben retten.

Da sie dies allein der Nonne verdankten, sprachen sie ihr herzlich ihren Dank aus. Die Nonne aber entgegnete: »Da ich nur ein Grabstein inmitten von Feldern bin, legt bitte jedes Jahr einen Grabstein mehr neben mich. Darüber freue ich mich am meisten!« Dann verschwand sie. Mutter und Tochter konnten sicher nach Hause zurückkehren und vergaßen von da an niemals die Wohltat der Nonne: Jedes Jahr stellten sie einen weiteren Grabstein auf. So wird erzählt.

O Schläfer in der Nacht

Ein Kaufmann im Osten hatte Frau und Sohn. Da starb seine Frau, doch der Mann faßte sich in Geduld, und als sein Sohn ein gutaussehender Jüngling geworden war, sprach er zu ihm: »Sohn, ich möchte dich verheiraten!« – »Aber Vater, hier in unserem Land möchte ich nicht heiraten, ich will gen Westen reisen!« – »Und ich, wo lassen wir mich, lieber Sohn?« – »Ich will auf Reisen gehen und umherziehen, so lange, bis ich ein schönes Mädchen finde, das zu mir paßt, dann will ich heiraten!« – »Und ich, mein Sohn, ich muß mitkommen mit dir, denn außer dir habe ich niemanden auf der Welt!« – »Gut, Vater, dann begleite mich auf meiner Reise!«

Der Kaufmann begab sich nun zu einem Freund, hinterlegte bei ihm Vermögen und Geld und sagte dazu: »Wenn Allah will, werden wir eines Tages von unserer Reise wieder zurückkommen. Was ich an Vermögen und Geld dir anvertraue, das will ich dann wieder an mich nehmen. Sollten wir aber nicht mehr zurückkehren, weil uns der Befehl Allahs traf, dann verteile alles an die Armen und Bedürftigen, zum Preise Allahs, des Allerhöchsten!« – »Ich will dein Gut verwahren, geht nur auf eure Reise, und wenn Allah will, werdet ihr wohlbehalten zurückkommen.«

Am nächsten Morgen verließen der Kaufmann und sein Sohn ihr Haus, legten ihre Hand vertrauensvoll in die des Allbarmherzigen – weites Land beginnend, weites Land vor ihnen werdend, und die Erde so weit und flach – beten laßt uns zum Propheten, dem einzig Geliebten. So zogen sie von Land zu Land, bis sie in die Stadt eines Königs kamen. Hier wollten sie bleiben, und als sie auf der Straße einem alten Mann begegneten, fragten sie ihn nach einer Unterkunft: »Alter«, redete ihn der Kaufmann an, »Fremde sind wir und haben keinen Platz in dieser Stadt, wo wir wohnen können.« – »Macht euch nur keine Sorgen! Ihr kommt mit mir und wohnt in meinem Haus.« – »Dank für deine Ehre und Güte!«

Ungefähr zehn Tage waren inzwischen vergangen, eine Dienerin für die Arbeit im Hause und zum Kochen war eingestellt, da geschah es, daß die Tochter des Königs ein Fenster des dem Haus gegenüberliegenden Schlosses öffnete und den Jüngling erblickte, der in eben diesem Augenblick ebenfalls aus seinem Fenster schaute. Er sah sie, und auf den ersten Blick liebte er sie. Genauso war ihm aber auch von diesem Augenblick an die junge Prinzessin zugetan, denn er war ein schöner und starker Jüngling. Die Prinzessin wartete bis zum Sonnenuntergang, nahm einen Sklaven als Begleiter und ging hinüber in das Haus des Kaufmanns. Dort ließ sie sich zu dem Jüngling führen: »Friede sei mit dir und Allahs Barmherzigkeit! Ihr seid nicht von hier?« – »Auch mit Euch Friede und Allahs Barmherzigkeit. Fremde sind wir und auf unserer Reise hierher gelangt.« – »Höre, weißt du, wer ich bin?« – »Nein!« – »Ich bin die Tochter des Königs dieses Landes!« – »Ich danke für die Ehre Eures Besuches.« – »Habt Ihr Geld?« – »Ja, Geld haben wir, Allah sei Dank!« – »Also gut dann für heute, ich gehe jetzt, aber vorher, da, nimm diesen Sack mit Geld. Bewahre ihn sorgfältig auf, man weiß nie, ob man eines Tages darauf angewiesen ist!« – »Aber wir brauchen wirklich nichts!« – »Los, nimm ihn schon.« – »Nun gut, dann also danke.« – »Und jetzt höre gut zu: heute abend komme ich wieder!« – »Ja, ich freue mich sehr!«

Kaum war das schöne Mädchen gegangen, da lief der junge Mann zu seinem Vater. »Hör zu, Vater, gerade hat mich die Tochter des Königs dieses Landes besucht. Einen Sack voll Geld hat sie dagelassen. Erst habe ich abgelehnt, doch sie bestand darauf. Vater, das Mädchen ist so unendlich schön, und heute nacht will sie wiederkommen, und dann wollen wir zusammen in den Garten ihres Vaters reiten!« – »Was denn, mein Sohn, die Tochter des Königs dieses Landes? Sieh dich vor, sonst stürzt du uns in schlimmes Unglück. Aber was hast du ihr geantwortet?« – »Einverstanden war ich!« – »Na ja, gar nicht schlecht gesprochen, du mußt aber genau auf ihre Worte hören!« – »Das will ich tun.«

Als dann die Tochter des Königs wieder erschien, saß der Sohn des Kaufmanns gerade beim Abendessen. Artig erhob er sich, begrüßte sie und bat sie, sich dazuzusetzen. Mit den Worten »Danke, ich habe schon zu Abend gegessen« wartete sie, bis der Sohn des Kaufmanns seine Mahlzeit beendet und seine Hände gewaschen hatte und sagte schließlich: »Steh jetzt auf!« – »Gut, wie du befiehlst!«

Der Sohn des Kaufmanns ergriff sein Schwert, holte sein Pferd und beide ritten nun aus der Stadt hinaus in die Wildnis, wo sie bald zu einem großen Garten gelangten, in dem die schönsten Bäume, Früchte und

Pflanzen wuchsen. In der Mitte des Gartens aber erhob sich ein großes Schloß, und davor gab es ein wunderschönes Wasserbecken. »He, Wächter«, sagte das Mädchen beim Hineinreiten, »schau dir diesen jungen Mann genau an, und merke ihn dir. Wann immer er kommt, er darf hinein, und wehe, du wolltest es ihm verbieten, dann werde ich dich vor allen Leuten zur Rechenschaft ziehen!« – »Dein Befehl, o Herrin!«

Die beiden ritten noch eine Weile, bis sie zu einem Birnbaum gelangten, an ihm banden sie ihre Pferde fest. In der Nähe lag ein großer Felsen, auf den sollte sich der junge Mann setzen, während die Prinzessin sich davor auf dem Boden niederließ. Die Luft war lau, und es saß sich so angenehm. Sie unterhielten sich gut, bis der Kopf der Prinzessin schwer wurde und sie zum Aufbruch befahl. »Von heute an kommst du jeden Abend in den Garten, dann werde ich dich auch bald zu mir nach Hause mitnehmen!« Und dieser Garten war so riesengroß, du könntest sagen, von Aden bis Laḥidsch!

Sie ritten zurück, zum Tor des Gartens hinaus und in die Stadt. Vor dem Haus des Alten stand schon der Vater, wie auf glühenden Holzkohlen, war der Jüngling doch sein einziger Sohn. Die Emirin verabschiedete sich – »Lebe wohl und auf Wiedersehen«, rief sie ihm zu, und der Jüngling rief ihr nach – »Lebe wohl, im Glück will ich dich wiedersehen!« – Jetzt aber wollte der Vater alles erfahren. »Also, was ist geschehen, wo seid ihr gewesen?« – »Wunderbar war es, die Emirin nahm mich mit in einen Garten, lange Zeit saßen wir dort, in der angenehmsten Stimmung unterhielten wir uns!« – »Dann ist ja alles gut!«

Am nächsten Abend begab sich der Jüngling erneut in den Garten und setzte sich auf den gleichen Felsen wie am Vorabend. Lange Zeit wartete er, doch schließlich übermannte ihn der Schlaf. Wenig später erschien die Emirin und fand den Jüngling schnarchend und schlafend vor. Doch statt ihn zu wecken, schrieb sie auf den Felsen:

»O Schläfer in der Nacht,
hast deine Herrin du verfehlt,
als sie an dir vorbei hier ritt!

Schau die Blüten, die dir jeden Wunsch erfüllen.
Die Blüten kamen, als du schliefst, wie du es
immer tust.

Ach, hättest du gewacht,
so hättest du den Ritt der Blüte nicht verfehlt!«

Dann setzte sie ihren Namen unter diese Reime und ritt davon. Der Jüngling aber schlief bis zum Morgen. Als er erwachte, sagte er zu sich: Bei Allah, seltsam, warum nur ist die Emirin nicht gekommen, wie sie versprochen hatte? Als er sich aber jetzt umschaute, da entdeckte er die Verse:

»O Schläfer in der Nacht,
hast deine Herrin du verfehlt,
als sie an dir vorbei hier ritt!

Schau die Blüten, die dir jeden Wunsch erfüllen.
Die Blüten kamen, als du schliefst, wie du es
immer tust.

Ach, hättest du gewacht,
so hättest du den Ritt der Blüte nicht verfehlt!«

Beschämt kehrte er nach Hause zurück, wo auch schon sein Vater fragend auf ihn wartete. »Wo bist du gewesen? Nicht einmal zum Schlafen bist du nach Hause gekommen!« – »Bei Allah, ich bin im Garten eingeschlafen, die Emirin hatte sich verspätet. Aber kaum war ich eingeschlafen, muß sie erschienen sein. Statt mich zu wecken, schrieb sie Verse auf den Felsen, in denen sie mich für meinen Schlaf tadelte:

O Schläfer in der Nacht,
hast deine Herrin du verfehlt,
als sie an dir vorbei hier ritt!

Schau die Blüten, die dir jeden Wunsch erfüllen.
Die Blüten kamen, als du schliefst, wie du es
immer tust.

Ach, hättest du gewacht,
so hättest du den Ritt der Blüte nicht verfehlt!«

»Hör mir gut zu, mein Sohn, du hast nur noch einen Versuch, du darfst nicht mehr einschlafen, wenn du auf die Emirin wartest. Sonst wird sie zornig über dich und läßt dir den Kopf abschlagen. Hast du verstanden?« – »Ja, Vater.« – »Und jetzt mein Vorschlag: Wenn du wieder im Garten bist, darfst du nicht einschlafen. Sobald du also spürst, daß Schlaf dich überkommen will, stehst du auf, hebst einen Stein hoch, den trägst du eine Strecke weit, dann wirfst du ihn hin, ruhst dich eine Weile aus, und sobald du dich wieder munter fühlst, ergreifst du den Stein wieder, läßt ihn fallen, und so immerzu, bis die Emirin erscheint. Schau, dein Vater ist schon lange ein Mann!« – »Gut Vater, so werde ich es halten.«

Die Sonne ging unter, der Jüngling nahm sein Abendessen und sagte dann seinem Vater Lebewohl. »Nimm dich in acht mein Sohn, vergiß nicht, was ich dir geraten habe. Wenn du Erfolg haben willst, bleibe wach wie am ersten Abend. Wenn du gewinnen willst, schlafe nicht, und wenn Allah will, dann kommt sie zu dir auf deine Hand wie ein Vögelein, ganz so, wie du es wünschest!«

Der Jüngling ritt in den Garten, setzte sich auf den Felsen, aber schon bald verspürte er Schläfrigkeit. Da erhob er sich, packte einen Stein, trug ihn eine Strecke von fünfzig Schritten, ließ ihn fallen, setzte sich darauf, bis er sich erholt hatte, hob ihn dann wieder auf, schleppte ihn zurück, und so immer fort, bis die Emirin vor ihm stand. »Gut, heute abend gefällst du mir, komm, laß uns jetzt ein Stück weitergehen!« – »Aber hier ist es doch so angenehm, warum sollen wir von hier fort?« – »Zu einem noch schöneren Ort als diesem hier!« – »Wie du befiehlst!«

Sie bestiegen ihre Pferde, ritten durch den Garten und gelangten bald zu einem noch herrlicheren Schloß. Dort banden sie die Pferde an und betraten den Palast durch ein Spalier von Dienern und Sklaven. Die Emirin ließ alle Lichter entzünden und die Lampen aus Alabaster, bis das ganze Schloß hell erstrahlte. Dann führte sie ihren jungen Geliebten in ihr Schlafzimmer, setzte sich auf ihre schön geschnitzte Liege und forderte ihn auf, sich neben sie zu setzen. Schließlich streckte sie sich aus und bat ihn, sich neben sie zu legen, denn sie liebte diesen Jüngling und sagte es ihm auch: »Dich begehre ich!« – »Und ich begehre dich genauso wie du mich, und noch viel mehr!«

So blieben sie eine Weile, dann brachten die Diener Essen jeglicher Art, Röstfleisch und junges Schaf vom Lande, und noch viele andere Köstlichkeiten. »Steht nun auf, Herrin, das Essen ist bereit«, sprach die oberste Dienerin, und, berauscht vom Glück, kauerten das Mädchen und der Jüngling sich nieder an die auf dem Boden ausgebreitete Matte und aßen nach Herzenslust. Nach dem Essen kehrten sie zurück in das Schlafgemach, und jetzt war die Emirin fester entschlossen als je, den Jüngling für sich zu gewinnen, auf welche Weise auch immer! Ja, er wäre glücklich, wenn er sie besitzen dürfe, antwortete er – doch erst nach der Hochzeit! So verweilten sie bis in die frühen Morgenstunden, löschten schließlich die Öllampen und die Leuchter und ritten zurück in die Stadt.

»Vater, ich habe es genauso gemacht, wie du mir geraten hattest. Als ich anfing, müde zu werden, trug ich einen schweren Stein so lange hin und her, bis die Emirin kam und wir zu einem anderen großen Schloß ritten, mitten in dem Garten. Die Diener dort bereiteten uns ein köstliches Mahl. Dann führte mich die Emirin in ihr Schlafzimmer, wir haben uns auf ihre Liege gelegt und uns lange unterhalten. Und gegen Ende der Nacht bat mich das Mädchen, ihren Vater aufzusuchen und um ihre Hand anzuhalten im Madschlis, da wo sich der König mit seinen Ministern trifft, wo er Musik hört und Gesang und sich die Zeit vertreibt.

Meine besten Kleider solle ich tragen, hat sie befohlen. Die Diener würden mich erst nicht eintreten lassen wollen, ich solle aber gar nicht auf sie achten, Mut fassen und hineingehen. Dann müsse ich vor den König treten und erklären, daß ich mit ihm über seine Tochter, die Emirin, sprechen wolle. Ein Fremder sei ich, von Osten gekommen. Der König werde viel, viel Geld als Brautpreis für seine Tochter fordern. Dem müsse ich sofort und ungeteilt auf der Stelle zustimmen ohne Zögern, was er auch verlange. Und sollte mir an dem Betrag etwas fehlen, dann würde sie selbst es beschaffen und mir schenken. So hat es die Emirin mir versprochen. Was hältst du von alledem, Vater?« – »Gute Nachrichten, mein Sohn. Mein Geld, alles was ich besitze, gebe ich dir gerne dazu. Du aber bitte Allah, daß er dir Erfolg schenke.«

Am Morgen legte der Jüngling seine besten Kleider an und begab sich ins Madschlis. Da saßen der König, die Minister und die Vornehmen, alle saßen sie da. Auf des Jünglings Gruß: »Friede sei mit euch, Allahs Barmherzigkeit und sein Segen« gab ihm der König freundlich zur Antwort: »Nun mein Sohn, was bringt dich hierher?« – »Bei Allah, aus einem fernen Lande komme ich, und mein sehnlichster Wunsch ist es, eine Braut zu finden. Jetzt habe ich gehört, daß der König eine Tochter hat und deshalb, lieber Herr, bin ich hier erschienen als Werber und Freier, deine Tochter mir zur Frau zu geben, ersuche ich dich.« – »Gut, an sich habe ich keine Einwände, aber den Brautpreis wirst du nicht bezahlen können!« – »Was du forderst, so wie du es bestimmst, das will ich zahlen!« – »Der Brautpreis für meine Tochter ist Gold, Gold auf der Waage:

Die Tochter auf der einen Waagschale, und das Gold auf der anderen. Kannst du diese Bedingungen erfüllen?« – »Nur keine Sorge. Wenn du mir das Mädchen anvertrauen willst, dann bekommst du ihr Gewicht in Gold: Das Mädchen auf der einen Waagschale und auf der anderen ihr doppeltes Gewicht in Gold!« – »Ha, einverstanden. Wann bist du zum Abwiegen bereit?« – »Morgen, so Allah will!« – »Sehr gut!« Auf der Stelle begab sich der König zu seiner Tochter, um ihr alles zu berichten. »Als ich mit meinen Ministern und Edlen im Madschlis saß, da erschien ein junger Mann und erklärte, daß er als Werber und Freier um dich gekommen sei. Schmutz in sein klares Wasser wollte ich ihm gießen und verlangte von ihm dein Gewicht in Gold, du auf der einen Waagschale und das Gold auf der anderen. Damit war er nicht nur gleich einverstanden, sondern bot dazu an, dein Gewicht gleich zweimal zu bezahlen! Was sagst du dazu? Bist du damit einverstanden, ihn zu heiraten?« – »Wenn du damit einverstanden bist, Vater, dann bin ich es auch. Wann soll denn gewogen werden?« – »Morgen früh, so Allah will. Morgen früh kommst du in das Madschlis herunter zum Wiegen, so wie es abgesprochen ist.« – »Gut, Vater.«

Schnell holte das Mädchen jetzt Gold aus der Schatzkammer seines Vaters und füllte einen großen Sack damit. Dann befahl sie ihrem Sklaven, diesen Sack in das Haus des Jünglings, den sie so sehr liebte, zu tragen. Und etwas später ging die Emirin selber hinüber zu dem Haus, um sich zu überzeugen, daß der Goldsack wohlbehalten eingetroffen war. Schnell verabschiedete sie sich jedoch wieder und kehrte ins Schloß zurück.

Am nächsten Tag machte sich der Jüngling bereit.

Angetan mit seinen besten Kleidern, begab er sich in das Schloß. Der König, die Minister, die Edlen und die Sklaven waren bereits versammelt und erwarteten den Jüngling. »Wenn du dein Versprechen nicht erfüllen und das Gold nicht aufbringen kannst, wird dir der Kopf abgeschlagen«, sagte man ihm.

»Friede sei mit euch!« – »Und Friede mit dir.« – So trat der Jüngling ein, bekam einen Ehrenplatz zugewiesen und durfte niedersitzen. »Also, das Gold, das du bringen wolltest, wo ist es?« – »Gebt mir einen Sklaven, damit er mir beim Tragen hilft!« – »Gut, Mubārak, geh mit diesem Jüngling und hilf ihm beim Tragen seines Sackes, in dem das Gold sein soll!«

Inzwischen war auch schon die Braut gekommen und hatte in einer Ecke des Madschlis Platz genommen. Der Jüngling kam mit dem Sklaven zurück. Der schleppte den Ledersack mit dem Gold, und als er ihn abzusetzen versuchte, ließ er ihn fallen, so schwer war er. Die Tochter des Königs stieg auf die Waagschale, den Ledersack mit dem Gold setzte man auf die andere. Da wog das Gold so schwer, daß die Schale mit dem Mädchen in die Höhe schnellte und das Mädchen oben schwebte. Der König wollte das Gold, das über das doppelte Gewicht seiner Tochter hinausging, wegnehmen lassen, doch der Jüngling beschied ihn: »Nein, lieber Schwiegervater, laß den Mehrbetrag als Zeichen der Ehrerbietung für deine Tochter und bestimme, wann der Ehevertrag geschlossen werden soll!« – »Jetzt gleich, mein Sohn, jetzt gleich wird der Vertrag geschlossen, so Allah will!« Man holte den Kadi, er kam und traute das Mädchen dem Jüngling an, und auch der Kaufmann, der Vater des Jünglings, war dabei. Der Hochzeitszug fand statt, und der überglückliche Jüngling nahm die Braut auf in sein Haus. Der König veranstaltete ein großes Freudenfest, Tiere wurden geschlachtet, Festmähler gegeben, Freude herrschte und Glück, eine ganze Woche lang dauerten die Feste.

Eine Zeitlang blieben sie noch im Haus des Kaufmanns wohnen, dann aber zogen beide hinüber in das Schloß. Hier lebten sie in Seligkeit und Glück und zeugten Söhne und Töchter.

Die Bärenprinzessin

Es war einmal eine arme Witwe, die hatte eine Tochter. Redlich plagte sie sich ab, um diese großzuziehen. Bald wurde aus dem stillen Kind eine zarte, bleiche Jungfrau mit langem glitzerndem, feuerrotem Haar; deshalb wurde sie Flammenhaar genannt. Ihre schwarzen Augenbrauen bildeten einen einzigen langen Bogen. Ihre Augen jedoch hatte noch niemand gesehen, da sie diese stets niederschlug. Schamhaftigkeit ist die beste Zier eines Mädchens, und da Flammenhaar auch diese nicht entbehrte, war sie weit und breit die Schönste. Kaum zwölf Lenze alt, hatte sie schon viele Freier. Aber sie mochte keinen, sprach selten ein Wort und blickte stets nur so vor sich hin.

Da wurde die Witwe recht böse und schalt ihre Tochter:

»Du bist jetzt erwachsen, und ich habe es satt, für dich zu sorgen. Wähle daher einen deiner Freier. Ist dir aber keiner recht, so gehe in den Wald, und heirate einen Bären. Du magst dann Bärenkönigin werden. Bis dahin jedoch siehe zu, daß du in den Wald kommst, und arbeite tüchtig.«

Die bleiche Jungfrau schwieg und ging in den Wald, um dürres Holz zu suchen. Dabei verlief sie sich und fand aus dem wilden Gebirge keinen Ausweg mehr. Traurig ließ sie sich auf einer Waldblöße nieder und gedachte der harten Worte, die ihre Mutter an sie gerichtet hatte. Während die Sonnenstrahlen mit dem wehenden Flammenhaar spielten, das wie eine brennende Fackel in das Waldesdunkel hineinleuchtete, fühlte sie sich plötzlich weich umarmt, und als sie aufblickte, sah sie sich in der Gewalt eines mächtigen Bären, der ein winziges Krönlein über der breiten Stirn trug. Der Bär sah sie freundlich und mit klugen Menschenaugen an, hob sie vorsichtig empor und trug sie in seine Höhle, wo er die Müde auf ein Lager aus weichem Moos bettete. Dann ging er fort, um Obst und Honig für sie zu holen, schob jedoch zunächst einen Felsblock vor den Eingang, damit sie nicht entweiche. Sie dachte indes gar nicht daran, sondern saß still und ruhig da, als ob sich jetzt ihr Schicksal erfüllt hätte. Allmählich lernte sie das Gebrumm des Bären als dessen Sprache verstehen, und er lehrte sie vieles, was sonst nur die Tiere des Waldes wissen und was dem Menschen wie ein Zauber erscheint.

So wurde sie die Frau des Bärenkönigs ganz nach der Mutter Wort. Nach einiger Zeit bekam sie ein wunderschönes kleines Töchterlein mit goldenem Haar und den hellen, klugen Augen des Bärenkönigs. Dieser blickte das Kind traurig an und sprach zu seiner Frau:

»Jetzt ist es vorbei, jetzt muß ich sterben. Hättest du mir einen Sohn geschenkt, so wäre er mir an Gestalt gleich geworden und hätte das Erbe meines Reiches angetreten. Ein menschliches Wesen dagegen kann das Bärenreich nicht regieren; meine Tochter wird daher in einem Reich der Menschen Königin werden. Hüte sie gut vor meinem Nachfolger, denn der Bärenkönig darf nur ein Menschenwesen freien;

nimmt er aber eines Bärenkönigs Tochter und schenkt ihm diese keinen Sohn, so muß sie selbst sterben. So gehe ich denn für immer von euch.«

Er nahm Abschied von der bleichen Frau und legte sein Krönlein dem Kind in die Wiege. Dann kamen auch schon in großen Scharen die Bären des Reiches daher, setzten ihn auf einen aus Zwergkiefern geflochtenen Thron und trugen ihn feierlich zu einem Felsspalt, der tief hinein in das Berginnere führte. Der Bärenkönig blickte sich noch einmal um; dann betrat er stumm das tiefe Dunkel. Vor dem Felsspalt häufte man gewaltige Steine übereinander, und so ward er begraben, noch ehe er tot war, denn die Tiere des Waldes verbergen stets ihren Tod.

Die Witwe des Bärenkönigs legte daraufhin allen Schmuck ab und hüllte sich in weiße Kleider, die ihre feurigen Locken ganz verbargen. Sie lebte weiterhin still in der Höhle und pflegte ihr Töchterlein, das rasch zu einem schönen Mädchen aufwuchs. Sie hütete es sorgsam, und sooft sie tiefer in den Wald hineingehen mußte, um Obst und Kräuter zu holen, verwandelte sie das Mädchen in eine Kröte und befahl auch dieser, sich unter einem Stein zu verstecken.

Während nun die Tochter des Bärenkönigs in der Waldhöhle heranwuchs, wuchsen dem König, dem das ganze Land gehörte, auch drei Söhne heran. Da erkrankte eines Tages die Königin schwer. Sie rief ihren Gemahl zu sich an ihr Lager und sprach zu ihm: »Ich bitte dich bei Gott, verheirate den ältesten deiner Söhne nicht eher, als bis auch die beiden jüngeren alt genug sind, um sich ein Weib zu nehmen. Laß sodann alle drei auf einmal Hochzeit feiern. Wenn du diesen meinen Willen nicht zu erfüllen gedenkst, so kann ich dich nicht segnen.«

Mit diesen Worten verschied sie. Der König beschloß, nach ihrem Willen zu handeln. Als auch der jüngste Sohn heiratsfähig war, rief er alle drei zu sich und sprach zu ihnen:

»Ihr seid nunmehr erwachsen, und es ist der Wille eurer verstorbenen Mutter, daß ihr euch gleichzeitig vermählt. Geht also hinauf auf den alten Turm unserer Burg, und der älteste möge dort ein Brett aus dem schwarzen Dach heben. Schnitzt euch aus diesem Brett drei gleiche Bogen und drei gleiche Pfeile, und schießt diese durch jene Lücke im Dach ab. Dort, wo eure Pfeile niedergehen, werdet ihr eure Frauen finden. Also geht und laßt sehen, was euer Glück ist.«

Die Söhne folgten dem Rat ihres Vaters und schossen nacheinander ihre Pfeile ab. Die Pfeile des ältesten und des zweiten Sohnes flogen in die Königsschlösser zweier benachbarter Reiche. Der Pfeil des Jüngsten aber verschwand in einem großen Wald. Da ging der König hin und freite die Töchter seiner Nachbarn für seine beiden ältesten Söhne. Zu seinem jüngsten Sohn aber sagte er:

»Geh nur selbst in den Wald und such dein Glück.«

Der jüngste Prinz schnürte also sein Ränzlein und ging in den Wald. Drei lange Tage suchte er kreuz und quer vergeblich nach seinem Pfeil. Das Brot in seinem Rucksack war aufgezehrt, und er war müde und hungrig. Er schämte sich, unverrichteterdinge heimzukehren, sonst wäre er längst umgekehrt. Doch da er nachsann, was zu tun sei, sah er oben in einer Fichte seinen Pfeil stecken, dessen Schaft mit einem goldgestickten

Freierstüchlein umwunden war. Er blickte um sich, ob sich ein Haus in der Nähe befand. Da bemerkte er, daß die Fichte vor dem Eingang einer Höhle stand. Der Platz davor war sauber gekehrt, und drinnen fand er den Herd und das Geschirr in Ordnung. Indes war keine Seele zu sehen. Er suchte nun auch draußen umher und sah dabei eine große Kröte im Grase. Schon erhob er das Bein, um sie zu zertreten, da sprach eine zierliche Stimme:

»Tu mir nichts zuleide, denn ich bin dein Glück.«

Da erschrak er, faßte aber Mut und sprach:

»Wenn du wirklich mein Glück bist, so mußt du mit mir kommen!« Dann hob er die Kröte auf, steckte sie in den Rucksack und trug sie heim. Zu Hause hatte er ein eigenes Zimmer, und er legte die Kröte darin in einen Wandschrank. Niemandem erzählte er von seinem Erlebnis. Doch der alte König mußte etwas bemerkt haben, denn er sagte zornig zu seinem Jüngsten:

»Ist wohl was Rechtes, dieses dein Glück!«

Traurig antwortete der Sohn:

»Ich will meinen Brüdern nicht im Wege stehen; sie mögen Hochzeit feiern, der Mutter Fluch aber will ich auf mich nehmen.« Doch der König gedachte noch eine Weile zu warten.

Nun geschah es, daß der jüngste Prinz niemals etwas Ordentliches zu essen bekam. Der Koch stellte ihm das Mittagessen und das Abendessen stets in sein Zimmer, doch ehe der Prinz zum Essen kam, war alles durcheinandergeworfen, und die Hälfte fehlte. Der Prinz schalt den Koch:

»Worin bin ich schlechter als meine Brüder, daß du mich so nachlässig bedienst?«

Als nun der Koch sagte, er bereite das Essen so sorgfältig zu wie ehedem, hieß ihn der Prinz vor seinen eigenen Augen die Speisen zuzubereiten, sie auf das Zimmer zu bringen und hieß ihn hierauf das Zimmer sofort zu verlassen. Der Koch tat wie befohlen. Der Prinz wartete nun eine Weile vor der Tür und betrat dann unvermutet das Zimmer. Hier saß ein schönes Mädchen mit einer kleinen Krone auf dem goldenen Haar an der Tafel und leerte eine Schüssel nach der anderen. Erschrocken sprang sie auf und wollte sich im Wandschrank verstecken. Er aber kam ihr zuvor, öffnete den Schrank und fand darin eine Krötenhaut, die er ins Feuer warf. »O weh! O weh!« jammerte sie und schlug sich auf die Knie. »Ich muß nun immerzu in dieser Gestalt weiterleben.«

»So ist es mir auch ganz recht«, meinte der Prinz. Darauf erzählte sie ihm, sie sei die Bärenprinzessin, und er nahm sie an der Hand und führte sie zu seinem Vater. Dieser überlegte hin und her, was er nun tun solle. Dann schickte er einen Zug von Hochzeitsgästen nach den beiden Königstöchtern. Als diese ankamen, sagte er, daß nunmehr Hochzeit gefeiert werden soll; vorher möchten sich jedoch alle drei noch zu einem gemeinsamen Mahle niedersetzen. Das taten sie denn auch, und er sah, wie die beiden Königstöchter immerzu einen Bissen in der Kehle, einen zwischen den Zähnen und einen zwischen den Fingern hatten, und als sie aufstanden, schüttelten sie die Brotkrumen von ihrem Schoß auf den Teppich. Die Bärenprinzessin dagegen schluckte immer einen Bissen hinunter, bevor sie den andern nahm, und als sie aufstand, schüttelte sie die Krumen von ihren Kleidern auf einen Teller, und diese verwandelten sich in Dukaten.

Da dachte der König: So etwas kann ich immer brauchen und forderte seinen jüngsten Sohn auf, ihm das Mädchen zu überlassen, da er es selbst heiraten wolle. Da der Prinz davon nichts hören wollte, sprach der König:

»Gut, so soll sie aus einem einzigen Stück Stoff für alle meine Soldaten Kleider nähen! Kann sie das nicht, so sollst auch du sie nicht zur Frau haben.«

Daraufhin weinte der Prinz bitter, und als ihn die Bärenprinzessin nach dem Grund fragte, klagte er:

»Mein Vater hat ein hartes Wort gesprochen«, und er erzählte ihr sodann alles. Da fing sie an zu lachen und sprach:

»Geh dorthin, wo du mich fandest, und ruf dreimal vor der Höhle aus: ›Flammenhaar, erscheine!‹ Sodann wird meine Mutter erscheinen, und du wirst zu ihr sagen: ›Deine Tochter grüßt dich, du mögest ihr für eine Weile das Stück Stoff schicken, aus dem du immer deine Kleider nähst!«

Der Prinz tat, wie ihn das Mädchen geheißen hatte. Nachdem er dreimal gerufen: »Flammenhaar, erscheine!«, da erschien eine bleiche Frau in weißem Kleid und fragte mit weicher Stimme:

»Was wünschst du, Schwiegersohn?«

Er aber ließ sie wissen, was ihn hergeführt hatte. Daraufhin gab sie ihm, was er begehrte, grüßte die Tochter und verschwand wie ein Nebelstreif. Die Bärenprinzessin nähte nun aus einem kleinen Stoffrest Röcke für das ganze Heer, und schließlich blieb ein ebenso großes Stück übrig, wie dasjenige, mit dem sie begann. Der König dachte: So etwas kann man immer brauchen, schloß sich in sein Zimmer ein, um sich die Sache zu überlegen, und schließlich sprach er zu seinem Sohn:

»Du muß mir das Mädchen geben, oder sie soll in einem einzigen Kessel so viel Maisbrei kochen, daß mein ganzes Heer davon satt wird.«

Da weinte der Prinz abermals und sagte zu der Bärenprinzessin: »Mein Vater hat ein hartes Wort gesprochen. Jetzt werden wir wohl keinen Ausweg mehr finden.«

Sie aber lachte auch jetzt und sandte ihn zu ihrer Mutter.

Vor der Höhle angelangt, rief er dreimal aus: »Flammenhaar, erscheine!« Wieder erschien die bleiche Frau, gab ihm einen kleinen Kessel, in dem sie immer den Mundvorrat kochte, grüßte die Tochter und verschwand. So kochte denn die Bärenprinzessin in dem kleinen Kessel Maisbrei für das ganze Heer, und es blieb noch viel übrig.

Der Kessel gefiel dem König ganz besonders. Er dachte eine Woche lang über all das nach und meinte schließlich: »So etwas kann man wirklich immer brauchen.« Danach sprach er zu seinem Sohn:

»Ich muß das Mädchen allen Ernstes haben und werde sie nur freigeben, wenn sie mir den Ring wiederbringt, den meine Frau, die Königin, in jene Welt mitgenommen hat.«

Der Prinz aber wehklagte: »Ach, was nützt mir mein ganzes Leben!« Auch die Bärenprinzessin lachte diesmal nicht, sondern sagte nur:

»Geh noch einmal zu meiner Mutter und bitte sie, uns zu dem Ring zu verhelfen, wenn sie es vermag, oder sie möge auf andere Weise ihrem Kind durch einen Rat beistehen.«

So ging denn der Prinz wieder vor die Höhle im Wald und rief nach Flammenhaar. Als er der bleichen Frau alles berichtet hatte, sagte sie:

»Fasse mich am Saum meines Kleides und folge mir, ohne nach der Seite zu blicken oder den Kopf zu wenden.«

So schritten sie durch die Höhle. Dann betraten sie einen Weg, der weiter durch die Erde führte. Sie kamen durch grünlich und bläulich glitzerndes Felsengewölbe, in dem sie schreckliche Dinge sahen. Da kroch eine eklige Schlange aus einer Ecke in die andere und trank gierig Eier aus. »Das ist«, flüsterte die bleiche Frau, »ein Mädchen, das seiner Mutter Eier aus der Speisekammer stahl und diese austrank. Deshalb hat sie der liebe Gott in eine Schlange verwandelt. So muß sie nun bis zum Jüngsten Gericht Eier stehlen.« Dann sahen sie einen Mann und ein Weib an den Beinen aufgehängt, die unaufhörlich mit den Rücken gegeneinander schlugen, daß es nur so dröhnte. »Das ist ein Ehepaar, das sich auf Erden nicht vertrug«, erklärte die bleiche Frau. Dann kamen sie an zwei Männern vorüber, die aufgespießt waren. Unter ihnen brannte ein Feuer, so groß wie in einem Kalkofen. Und indem sie einander gegenseitig drehten, fragte der eine fortwährend zähneklappernd: »Friert dich, Freund?«, worauf der andere stets antwortete: »Uhuhuhuhu, es friert mich fürchterlich!« – »Diese beiden haben zu Lebzeiten ganze Zäune gestohlen und sich damit ein

Feuer bereitet.« Dem Jüngling graute es so sehr, daß es ihm schwerfiel, den Kopf nicht abzuwenden. Deshalb glitt die bleiche Frau rascher dahin, und kaum den Boden berührend, folgte er ihr auf eine weite, lichte Fläche, auf welcher in unzähligen großen Zisternen siedendes Wasser brodelte. In diesem wälzten sich jammernde Menschen. Bei einer solchen Zisterne hielt die bleiche Frau inne und sagte:

»Dort ist deine Mutter!«

Entsetzt blickte er hin und sah wirklich seine Mutter in dem siedenden Wasser. Sie streckte die Hand mit dem Ring heraus und rief:

»Zieh ihn schnell ab, mein Sohn, denn sic lassen mir keine Zeit! Und dann sag dem König, daß ich ihn grüße, und er möge die dreißig Pfund Kirschen bezahlen, die ich schuldig bin. Wenn es nicht wegen der Kirschen ist, so weiß ich nicht, weshalb mich Gott in das Fegefeuer geworfen hat!«

Dann tauchte sie unter. Der Jüngling ergriff von neuem den Saum des weißen Kleides und schloß die Augen. Rasch glitten sie denselben Weg zurück und waren bald wieder in der Felsenhöhle. Dort sprach die bleiche Frau:

»Nun trag deinem Vater den Ring hin und sage ihm einen Gruß von mir, und er möge dich endlich mit meiner Tochter vermählen, sonst wird sich sein Wortbruch rächen.«

Als der Prinz dem König alles berichtet hatte, da erschrak dieser und ließ sogleich alle seine Untertanen und sein ganzes Heer zusammenrufen. Es wurden auf einer großen Wiese Ochsen und Lämmer am Spieß gebraten, und bis zur Mittagsstunde durften sich alle gütlich tun und nach Herzenslust singen. Dann aber befahl der Ausrufer im Namen des Königs Stillschweigen. Sodann wurde der aufgerufen, dem die verstorbene Königin dreißig Pfund Kirschen schuldig geblieben war. Endlich meldete sich ein armer Mann. Er wurde vor den König geführt, dieser zog dreißig Dukaten heraus und wollte sie ihm geben. Darauf entgegnete der Arme:

»Mächtiger König, ich nehme nicht mehr als dreißig Heller, so wie ich es mit der Königin ausgemacht hatte.«

Der König gab ihm die dreißig Heller und sagte:

»Ich bitte dich, wie meinen leiblichen Bruder, segne nun ihr Andenken.«

Und der Mann erwiderte: »Hätte ich das gewußt, ich hätte sie trotzdem hundertmal am Tage gesegnet. Möge ihre gute Seele alle Freuden des Paradieses schauen!«

Der König und das Volk beteten hierauf, und dann ging jeder still nach Hause. Zehn lange Tage schloß sich der König in sein Zimmer ein, um nachzudenken. Dann eröffnete er seinem Jüngsten, daß er der Bärenprinzessin entsage, und daß nun alle drei Brüder Hochzeit feiern sollen. Doch der Prinz war traurig und entgegnete, er wolle vorher noch nach der Mutter sehen, wie es ihr geht. Er hängte sich also wieder den Rucksack um, ging in den Wald zur Fehlsenhöhle und rief dort dreimal: »Flammenhaar erscheine!« Da trat wieder die bleiche Frau heraus, und er erzählte ihr seinen Kummer. Sie antwortete ihm gütig: »Halt dich nur an dem Saum meines Kleides fest, Schwiegersohn, und du sollst deine Mutter sehen.« Und wieder glitten sie durch die Höhle dahin und durch das Erdreich und über die weite Fläche mit den dampfenden Zisternen. Dann kamen sie an einen großen See mit siedendem Wasser und flüssigen Steinen. Die bleiche Frau streckte die Hand aus, in der sie einen goldenen Stab hielt, und über dem See entstand eine hohe Brücke. Sie schwebten hinüber auf das andere Ufer, und dort prangte eine gewaltige, herrliche Burg. Flammenhaar winkte nochmals mit dem goldenen Stab, und das Tor sprang auf. »Weiter dürfen wir nicht«, sagte sie, »aber du kannst von hier aus deine Mutter sehen, die jetzt mit den übrigen frommen Seelen ein Loblied Gottes singt.« Da kam auch schon die Königin auf ihren Sohn zu, in einem Kleid wie aus Mondschein gewoben, und ringsum duftete alles, und es war Licht und Seligkeit. »Hab Dank, mein Sohn!« sprach die Erlöste. »Grüß meinen Herrn, den König, und sag ihm, daß meine Seele in demselben Augenblick in das Paradies flog, als er die dreißig Pfund Kirschen bezahlte. Ich segne ihn. Er möge meine Schwiegertochter von Herzen ehren und lieben.«

Der junge Prinz kehrte nach Hause zurück, und die Hochzeit der drei Brüder wurde mit großem Glanz gefeiert. Hernach sprach der König zu der Frau des Jüngsten: »Höre, meine liebe Schwiegertochter! Ich will, daß von nun an du in meinem Reiche regierst.« Sie erwiderte: »Wie kann ich das, lieber Vater? Ich habe nur einen Weiberkopf. Regiere du nur weiter wie bisher.« Er aber sagte: »Man fragt nicht, wer den Kopf trägt, wenn man mit dem, was dieser Kopf ausdenkt, zufrieden ist. Der Erfolg entscheidet! Also regiere jetzt ein Jahr lang, und dann wollen wir weitersehen.«

Die Bärenprinzessin regierte nunmehr das Land ein

volles Jahr lang ganz allein und eroberte in dieser Zeit zwei große Reiche, so daß jeder der drei Brüder König werden konnte. Damit waren alle sehr zufrieden, und wir sind es mit diesem Märchen auch.

Lüge um Lüge

Es war einmal ein Yangban, ein Edelmann, der lebte mit seiner Familie in Chonju. Er hatte drei Söhne, die er auch an Töchter von Yangbans verheiratet hatte. Er lebte mit all ihren Familien unter einem Dach.

Die erste und zweite der Schwiegertöchter waren sanft und höflich zu den Eltern ihrer Ehemänner. Sie warteten bei Tisch, bis sich die Eltern mit Speise und Trank bedient hatten, und gaben ihnen die feinste Seide zum Geschenk, die sie im matten Schein der Öllampen gesponnen hatten. Und sich selbst kleideten sie nur in Baumwolle und Hanf. Dazu verbeugten sie sich zu jedem Wort, das von den Lippen ihrer Schwiegereltern kam und sagten nur: »Ja«, als ob sie sagen wollten: »Ich habe die Ehre, dein gehorsamer Diener zu sein.«

Die Schwiegereltern waren jedoch von undankbarer Art. Sie hielten die Ehrerbietungen der beiden ersten Schwiegertöchter nur für Dummheit und nützten deren Hilfe und Liebe in höchst selbstsüchtiger Weise aus.

Die dritte Schwiegertochter durchschaute diese Selbstsucht, denn sie war klug und schlau. Dazu war sie von außerordentlicher Schönheit. Sie dachte gar nicht daran, ihre eitlen und eigensüchtigen Schwiegereltern zu bedienen; sie nahm sich die besten Gerichte in der Küche und suchte sich die schönsten Seiden aus dem Webzimmer aus und machte sich selbst wunderschöne Kleider daraus. Sie widersprach jedem Wort, das die Alten an sie in befehlendem Tone richteten, und gab ihre Antwort mit schriller Stimme.

Vater und Mutter ihres Ehemannes waren über die ungezogene Art der Schwiegertochter auf das bitterste empört und befahlen, daß sie unter einem anderen Dach wohnen sollte. Die Schwiegertochter war nur froh, daß sie die alten Tyrannen los hatte, und kam nicht einmal an Geburtstagen oder an großen Feiertagen in das väterliche Haus, um den Schwiegereltern Respekt zu zollen.

Der alte Mann war sehr böse. Er wollte das letzte Verhalten seiner mißratenen Schwiegertochter prüfen. So stellte er sich tot und lag steif in seinem Bett. Die ganze Familie schrie im Trauerchor: »Aigo! Aigo!«

Die Frauen im Hause lösten ihr Haar auf, legten Sackkleider an, schlugen sich die Brüste und weinten laut. Ein älterer Nachbar warf die »Jacke des toten Mannes« auf das Dach des Hauses und bat seine Seele, alles Übel mit sich zu nehmen und in Frieden zu gehen.

Diese Nachricht drang zu der schlauen Schwiegertochter. Sie kam mit aufgelösten Haaren zu dem Sterbehaus gelaufen und schrie: »Aigo! Aigo!« – Dann warf sie sich neben dem Totenbett des alten Mannes auf den Boden und weinte lange, als ob sie vor Kummer das Bewußtsein verlieren würde. Sie schlug mit ihren Handflächen auf den Boden und sagte zwischen Seufzern folgendes zu dem Toten:

»Vater! Vater! Oh, grausamer Tod! Noch vor zwei Tagen kamst du zu meinem Haus, um mich zu besuchen, und ich begrüßte dich mit frohem Herzen. Ich bot dir einen gebratenen Fasan und heißen Reis an, der wie ein Gebirge in einer großen Schüssel aufgetürmt war. Dann aßest du alles mit gutem Appetit im Nu auf, und als du über deinen langen Bart strichst, sagtest du:

›Ich war lange unterwegs, und ich war sehr hungrig. Hast du mein ermattetes Gesicht gesehen? Ah, du bist eine ausgezeichnete Köchin und auch eine gute Tochter. Ich habe mich wirklich satt gegessen. Mein Magen und mein Bauch sind rund wie eine Trommel. Ich kann kein Abendbrot mehr essen.‹

Dann nahmst du deine lange Pfeife, die ich dir mit einem Feuerstein anzündete, und du standest auf, um zu gehen. Ich war sehr glücklich und habe dich bis zum Tor begleitet; dort verbeugte ich mich und sagte: ›Vater, geh in Frieden und komme wieder.‹

Ich stand lange an meinem Gartentor, und meine Augen begleiteten dich, wie du über die Hügel wandertest. Dann ging ich in meine Küche zurück und bereitete herrliche Reiskuchen, um sie in dein Haus zu bringen. Da hörte ich plötzlich ein Geräusch an meinem Gartentor, und deine sanfte Stimme rief mich. So antwortete ich: ›O Vater, willkommen zu Hause!‹

Dann hast du drei Schüsseln heißen Reiskuchen mit großem Appetit gegessen und hast mich als Schwiegertochter gelobt, die die Wünsche ihrer Eltern wohl kennt. Du streicheltest sogar den Kopf meines ältesten Sohnes und sagtest zu ihm: ›Ich bin alt und schwach. Als ich gerade vor Hunger starb, gab mir deine gute Mutter wunderbare Speisen, die mich wieder zum Leben brachten. Ah, ich kann doch nicht mehr sehr lange leben. Höre! Ich gebe dir das Reisfeld hinter meinem Haus, und weil dein jüngerer Bruder so freundlich ist, gebe ich ihm das Hirsefeld vor meinem Haus.‹

Du seufztest dann aus ganzem Herzen erleichtert auf und verließest mein Haus. Ich wunderte mich über deine ungewöhnlichen Worte, die wie ein letzter Wille klangen. Nun aber verstehe ich, daß du damals schon den Tod herannahen fühltest, der dich jetzt niedergestreckt hat!«

Diese Geschichte wiederholte die schlaue Schwiegertochter viele Male mit großem Wehklagen. Der Schwiegervater konnte nicht anders, er mußte über ihre Lügenkomödie lachen. Dann aber sprang er in großem Ärger auf und schimpfte: »Wann habe ich je deine Reiskuchen gegessen? Wann habe ich jemals in deinem Haus Wein getrunken? Und wann hätte ich je versprochen, mein Reis- und Hirsefeld deinen Kindern zu geben?«

Die Schwiegertochter steckte sich schnell die aufgelösten Haare mit einer schönen Silbernadel auf und erwiderte lachend: »Was ist bei einem falschen Tod mit falschen Worten falsch?«

Als sie dies gesagt hatte, drehte sie sich auf ihren roten Pantoffeln um und ging zu ihrem Haus zurück.

Schaman und Dschauhara

Vor langer Zeit lebte einmal im Jemen, in der Stadt San'a, ein König, der Schaman hieß und ein junger Mann von schönem Gesicht und Aussehen war und viele gute Charaktereigenschaften und Fähigkeiten besaß. Sein Königreich erstreckte sich auf das Gebiet, das man das »glückliche Arabien« nannte und das bis zur Küste des Roten Meeres reichte. Schaman hatte eine gute Erziehung erhalten und war in allen Wissensbereichen seiner Zeit ausgebildet worden.

Beim Tode seines Vaters war er zwanzig Jahre alt gewesen, und er hatte zu dieser Zeit die Herrschaft über das Königreich übernommen. Seine Regierung war klug und weise wie die seines Vaters, so daß er bei allen Untertanen beliebt und geschätzt war. Seit einiger Zeit bedrängten ihn die Großen seines Reiches, daß er daran denken müsse, eine Frau zu suchen, so daß Allah ihnen einen Nachfolger schenke. Schaman selber war davon überzeugt, daß es für ihn Zeit würde zu heiraten, aber bis jetzt hatte er vergeblich nach einem hübschen Mädchen mit edlem Charakter und von bester Herkunft gesucht. Sein Vater hatte ihm nämlich vor seinem Tod den Rat gegeben, nur ein Mädchen von königlicher Abstammung und mit persönlichen Verdiensten zu heiraten.

Der König Schaman hatte sich in den Kreisen umgesehen, aus denen er nach dem Rat seines Vaters seine zukünftige Frau wählen sollte. Aber sein Herz war keinem dieser jungen Mädchen zugeneigt, und so dachte er nicht daran, eine aus ihren Reihen zu heiraten.

Eines Tages kam einer seiner Minister von der Wallfahrt nach Mekka zurück und berichtete, daß es im Hedschas einen Emir gebe, der drei Töchter besitze, die im ganzen Land wegen ihrer ungewöhnlichen Schönheit, ihrer guten Ausbildung und ihres edlen Charakters gerühmt würden.

Über diese Nachricht freute sich der König Schaman, und er bereitete eine Reise in den Hedschas vor, um sich mit einer der Töchter des Emir Mas'ud zu verloben.

An einem Morgen bestieg er sein Pferd und begab sich in der Begleitung zahlreicher Männer und Frauen in den Hedschas. Sie ritten durch Städte und Wüsten und verbanden den Marsch des Tages mit dem Marsch der Nacht.

Endlich erreichten sie den Hedschas, und der König Schaman holte sich Auskunft ein über den Emir Mas'ud. Man berichtete ihm, daß der Emir zur Zeit mit seiner Familie in der Sommerresidenz wohne. Schaman und seine Begleitung ritten dorthin. Am Rande eines Dorfes in der Nähe der Residenz ließ er im Schatten von Palmen die Zelte aufschlagen. Und nachdem er sich von der mühsamen Reise erholt hatte, ließ er dem Emir seinen Besuch ankündigen.

Mit einigen ausgewählten Begleitern ritt er dann zur Sommerresidenz, wo der Emir Mas'ud ihn mit großer Herzlichkeit willkommen hieß. Nach dem üblichen Austausch von Begrüßungen und Höflichkeiten erzählte der König Schaman von dem Zweck seiner Reise.

Der Emir erwiderte, daß die Heirat mit einer seiner Töchter ihn ehre, und er überlegte, welche seiner drei Töchter in Frage käme. Er wollte sie nicht selber entscheiden lassen, wer von ihnen den jemenitischen König heiraten möchte, vielmehr sollte die vollkommenste seiner Töchter die Königin des Jemen werden.

So beschloß er, seine Frau über ihre Töchter zu befragen, denn keiner kennt die Vorzüge und Schwächen der Töchter so gut wie ihre Mutter. So begab er sich in die Frauengemächer und berichtete seiner Frau von dem Wunsch des jungen Königs Schaman. Und er wollte wissen, ob es etwas in ihren körperlichen, geistigen oder seelischen Veranlagungen gäbe, oder ob sie Gewohnheiten hätten, die sich nicht mit einer Königin vereinbaren ließen.

Er begann damit, seine Frau über die älteste Tochter zu befragen, und sie antwortete: »Sie ist fast vollkommen an Schönheit und Bildung, aber sie hat die unkönigliche Angewohnheit, daß sie oft einen Finger in den Mund steckt und daran lutscht.« Über die zweitälteste Tochter sagte sie ihm: »Sie ist wie ihre ältere Schwester, was Schönheit und Bildung anbetrifft, aber sie ist naschhaft und bequem und liebt das gute Essen und den Schlaf über alles.« Dann kam das Gespräch auf die jüngste Tochter, die sie Dschauhara (Perle) genannt hatten, und seine Frau antwortete ihm: »Sie ist wie ihr Name. Gelobt sei Allah, der sie ohne Makel und Fehler schuf. Sie ist geboren, Königin zu sein.«

Der Hochzeitsvertrag wurde aufgesetzt, und der König Schaman nahm Dschauhara, die jüngste Tochter des Emirs Mas'ud, zu seiner Frau. Doch der Emir hatte ihm eine Bedingung gestellt, und zwar sollte Schaman ihr Gesicht erst sehen, nachdem sie sein Schloß im Jemen erreicht hätten.

Bald darauf wurde die Prinzessin Dschauhara in eine prachtvolle Kamelsänfte mit rotem Seidenvorhang gehoben, und sie ritt auf einem der besten und schönsten Kamele in das Heimatland ihres Mannes.

Jeden Abend bauten die Begleiter des Königs und der Prinzessin Zelte auf, in denen sie übernachteten, und am anderen Morgen setzten sie ihre Reise fort. Der König ließ das schönste Zelt für seine Frau aufbauen. Rundherum waren die Zelte ihrer Dienerinnen, und sein eigenes Zelt war nicht weit von dem ihren entfernt. In einer Vollmondnacht hatten sie die Zelte auf einer blühenden Wiese in einem Gebirge zwischen dem Hedschas und dem Jemen errichtet. Da kam es dem König Schaman in den Sinn, sich in das Zelt seiner Frau einzuschleichen, um ihr Gesicht zu sehen. Er wollte sich davon überzeugen, ob sie wirklich so schön sei, wie ihr Vater sie beschrieben hatte. Ihm waren nämlich Zweifel gekommen, und er fragte sich oft, ob man ihn nicht gar betrogen habe mit ihr und sie vielleicht häßlich sei, denn warum sollte er sonst ihr Gesicht nicht sehen?

Als alle schliefen, außer den Männern, die Nachtwache hielten, schlich sich der König in das Zelt seiner Frau. Mit leisen Schritten näherte er sich dem Lager Dschauharas, die auf der rechten Seite lag. Der Vollmond schien in ihr Gesicht und erblaßte vor ihrer Schönheit. Der König stand lange gebannt und bezaubert da, in der Betrachtung ihrer Schönheit versunken, und er dankte und lobte Allah, ihren Schöpfer.

Während er sich dieses Gesicht einprägte, entdeckte

er unter ihrem linken Ohr einen kleinen Schönheitsfleck. Als er schließlich in sein Zelt zurückkehren wollte, sah er auf dem Teppich neben ihrem Lager ein kostbares Perlenkollier mit sehr großen Edelsteinen, die im Mondlicht funkelten.

Er wollte sich dieses Schmuckstück näher betrachten, nahm es in die Hand und hielt es am Eingang unter das Licht des Mondes. In diesem Augenblick kam ein großer Vogel von einem nahegelegenen Baum, entriß dem König das Schmuckstück und flog davon. Der König war wie von Sinnen. Er rannte dem Vogel nach in der Hoffnung, er werde zu seinem Nest fliegen, so daß er ihm den Schmuck abnehmen und seiner Frau zurückbringen könne. Doch der Vogel flog immer weiter. Sie hatten schon die Küste des Roten Meeres erreicht und der Vogel flog mit dem Wind über das Meer.

Der König Schaman blieb verzweifelt an der Küste stehen und schaute dem diebischen Vogel nach, der sich immer mehr mit der Dunkelheit des Horizonts vermischte.

Während er dastand und dem Halsbanddieb nachblickte, sah er drei Seeräuber auf sich zukommen. Sie warfen sich auf ihn, und er konnte sich nicht wirksam verteidigen, denn er hatte keine Waffe mitgenommen, als er dem Vogel folgte. Er war wohl mutig, hatte starke Muskeln und wehrte sich mit allen Kräften. Aber was kann der Mut schon ausrichten, wenn der Gegner in der Überzahl ist und außerdem Waffen besitzt?

Einer der Piraten schlug ihm mit seiner Waffe auf den Kopf und verletzte ihn. Ohnmächtig fiel der König zu Boden, und sein Gesicht war rot von der Kopfwunde, als wäre es mit Henna bemalt worden.

Die Piraten ließen ihn auf einem Felsen der Küste liegen, nachdem sie ihm Hände und Füße festgebunden hatten. Dann holten sie ein Boot, welches sie auf ihr Schiff bringen sollte, das sie in der Nähe der Insel Farasan verankert hatten.

Als die Piraten fort waren, kam König Schaman wieder zu sich, aber er war zu schwach, um zu fliehen. Er wollte seiner Frau und seinen Begleitern, die ihn sicher suchen würden, ein Zeichen hinterlassen. Mit einiger Anstrengung gelang es ihm, seine Hände zu befreien. Dann befeuchtete er seinen Finger mit dem Blut seiner Kopfwunde und schrieb seine Geschichte auf den Felsen, auf dem er lag.

Die Piraten kamen zurück und trugen ihn auf das Boot, mit dem sie zu ihrem Schiff ruderten. Sie gingen an Deck, lichteten die Anker, entfalteten die Segel und glitten mit günstigem Wind übers Wasser. Sie durchquerten die Meerenge von Bab al-Mandiq, fuhren in den Golf von Aden und nahmen Kurs auf die Küste von Somalia. Dort warfen sie die Anker aus und verkauften den König Schaman an einen Schweinebesitzer, wie man Sklaven verkauft.

Wie tief war sein Eindruck gewesen, als er mit den Piraten an der Küste seines Königreichs Jemen entlanggefahren war! Aber die Entfernung war zu groß gewesen, um seine Untertanen um Hilfe zu rufen gegen die Seeräuber, in deren Händen er sich befand, und so hatte er traurigen Herzens sein Reich von weitem betrachtet.

Die Erzählung wende sich nun wieder der Prinzessin

Dschauhara zu. Sie war am frühen Morgen erwacht, und als sie den Verlust ihrer kostbaren Halskette entdeckte, rief sie ihre Dienerinnen und fragte sie danach, aber keine konnte ihr eine Auskunft geben. Da schickte sie eine von ihnen zu ihrem Gemahl, um ihn davon in Kenntnis zu setzen, daß sie ihr Kollier vermisse. Die Dienerin fand das Zelt des Königs leer, und keiner konnte ihr sagen, wo sich der König befinde.

Als Dschauhara davon erfuhr, beschloß sie, ihren Gemahl selber zu suchen. Sie ließ sich zu den Nachtwächtern führen und erkundigte sich bei ihnen, ob sie etwas von dem König wüßten. Einer hatte ihn mitten in der Nacht eilig zum Meer laufen sehen. Die Prinzessin zog eines seiner Gewänder an und steckte seinen Dolch in den Gürtel. Sie schnitt ihre Haare ab und bedeckte ihren Kopf mit einem Turban.

Dann folgte sie den Spuren ihres Gemahls, bis sie die Küste des Roten Meeres erreichte. Dort hielt sie an und schaute nach rechts und nach links, in der Hoffnung, ihn oder wenigstens ein Zeichen von ihm zu finden. Sie lief zu dem nächsten Felsen und setzte sich dort nieder. Da entdeckte sie Blutspuren und bei näherem Hinschauen erkannte sie die Schriftzeichen. Sie entzifferte sie und erfuhr, was mit ihrem Mann geschehen war.

Während Dschauhara noch überlegte, an welchen Ort die Piraten ihren Gemahl verschleppt haben könnten, wurde sie von drei Männern überfallen, die sie für einen jungen Mann hielten. Die Prinzessin war nicht feige und kannte keine Angst; sie nahm ihren Dolch und durchbohrte einem der Piraten die Brust. Den zwei anderen aber gelang es, sie zu fesseln, nachdem ihr einer der Piraten auf den Kopf geschlagen und sie verletzt hatte. Sie banden ihr Hände und Füße zusammen und ließen sie auf dem Felsen liegen, während sie ihren verwundeten Komplizen wegtrugen.

Auch Dschauhara wollte wie ihr Gemahl ein Zeichen hinterlassen für ihre Begleiter, die sie suchen würden. Sie befreite ihre Hände aus den Fesseln, befeuchtete den Zeigefinger mit dem Blut ihrer Kopfwunde und schrieb neben die Geschichte ihres Mannes ihre eigene Geschichte.

Die Piraten kamen mit einem Boot zurück, auf das sie Dschauhara verfrachteten, und sie fuhren damit zu ihrem Schiff, das in der Nähe der Insel Farasan verankert war. Mit dem Schiff durchquerten sie die Meerenge von Mandiq, fuhren durch den Golf von Aden und näherten sich der Küste Somalias, wo sie ihre Anker auswarfen.

Den Seeräubern war die auffallende Schönheit des jungen Mannes und sein Mut nicht entgangen, und so beschlossen sie, ihn dem König von Somalia zu verkaufen. Sie brachten Dschauhara zum König Jalloul, der sie dafür reichlich belohnte. Dem König gefiel der anmutige Jüngling, und er machte ihn zu seinem Kammerherrn und Türhüter.

Dschauhara hatte sich den Namen ihres Gemahls zugelegt. Aus Respekt ihm gegenüber, und um den Unterschied auszudrücken, nannte sie sich Schaman der Kleine. Es dauerte nicht lange, da war Schaman der Kleine im ganzen Palast bekannt wegen seiner auffallenden Schönheit und seiner Liebenswürdigkeit. Die

Frauen des Hofes richteten es ein, daß sie möglichst oft an der Tür des Königs vorbeikamen, nur um Schaman den Kleinen zu sehen.

Auch Leila, die Tochter des Königs, hatte von seiner Schönheit gehört und kam zu ihrem Vater, um ihn zu sehen. Sie war von ihm so entzückt, daß sie ihren Vater bat, sie mit Schaman zu verheiraten. Da auch der König Jalloul Schaman den Kleinen liebgewonnen hatte, war er über die Bitte seiner Tochter nicht erstaunt und versprach ihr, mit ihm zu sprechen.

Als er Schaman von dem Wunsch seiner Tochter berichtete, entgegnete dieser: »Bei Allah, Euer Wunsch und der Eurer Tochter, o König, sind für mich ein Befehl. Doch ich bitte Euch, mir zu gestatten, mit Eurer Tochter unter vier Augen zu sprechen, bevor ich mich entscheide.« Der König war damit einverstanden. Da ging Dschauhara zu der Prinzessin Leila und erzählte ihr ihre Geschichte, wie sie den König von Jemen geheiratet hatte, und was sich auf der Reise zugetragen hatte. Und sie bat die Prinzessin geheimzuhalten, was sie ihr anvertraut habe, bis Allah sie mit ihrem Gemahl eines Tages wieder vereine.

Leila hatte Mitleid mit Dschauhara und versprach, ihr Geheimnis nicht preiszugeben. Sie wollte sich einen Grund ausdenken, den sie ihrem Vater für das Abrükken von ihren Heiratsabsichten nennen könnte. Schaman der Kleine ging zur Tür des Königs Jalloul zurück, und nach kurzer Zeit sah er die Prinzessin Leila zu ihrem Vater kommen.

Auf die Frage des Königs, was sie und Schaman beschlossen hätten, lobte die Prinzessin zunächst seinen Takt und seine Bildung. Dann sagte sie, daß sie ihren

Entschluß zu eilig gefaßt und daß sie eingesehen habe, daß es besser sei, die Heirat noch etwas aufzuschieben, um sich in dieser Zeit besser darauf vorzubereiten. Dann bat sie ihren Vater, aus diesem Grund Schaman den Kleinen zu ihrem Begleiter einzusetzen. Der König Jalloul konnte seiner Tochter keine Bitte abschlagen und befahl Schaman, sich von nun an in den Dienst der Prinzessin zu stellen.

Nun soll die Geschichte zu Schaman zurückkehren, den wir, im Gegensatz zur Prinzessin Dschauhara, Schaman den Großen nennen. Er war als Sklave an einen Schweinebesitzer verkauft worden und hatte tagaus, tagein Schweine zu hüten. Auch mußte er die gelähmte Tochter seines Herrn auf dem Rücken tragen, wenn sie ausgehen wollte.

Als er eines Tages wieder einmal die Schweine hütete, ruhte er sich dabei im Schatten eines Baumes aus. Da fiel aus einem Vogelnest über ihm Vogelmist heraus und beschmutzte ihn. Er stieg auf den Baum, um die Vögel zu vertreiben und das Nest zu säubern, damit er den Rest des Tages in Ruhe unter dem Baum sitzen könne.

Er verscheuchte die Vögel aus ihrem Nest und warf den Mist in hohem Bogen hinaus. Dabei hörte er einen metallenen Ton, und als er wieder unten war, sah er zu seinem größten Erstaunen das Perlenhalsband seiner Frau Dschauhara, das ihm ein Vogel gestohlen hatte. Wie groß war seine Freude! Er nahm es und säuberte es an seinen Kleidern, bis es seine alte Schönheit zurückerhielt. Dann versteckte er es in seiner Brusttasche.

Am Abend brachte er die Schweine in den Stall, und

kaum hatte er sich gewaschen, da bat ihn das lahme Mädchen seines Herrn, sie spazierenzutragen. Als er sich bückte, um sie auf seine Schulter zu heben, fiel das Perlenhalsband aus seiner Brusttasche in den Schoß des Mädchens. Sie sah das funkelnde Kollier und war davon begeistert. Sie wollte es sich um den Hals legen, aber Schaman der Große entriß es ihr sogleich.

Da begann sie zu schreien und rief: »Du Dieb! Du hast der Königstochter ihr Halsband gestohlen!« Ihr Vater eilte herbei, sah das kostbare Schmuckstück, und war wie seine Tochter der Ansicht, daß es gestohlen sei, denn wie sollte ein Schweinehirt an einen so kostbaren Schmuck kommen.

Er nahm das Halsband und ging mit Schaman zum König Jalloul. Dort überreichte er dem Herrscher den Schmuck mit den Worten: »Dieser Diener hat das Halsband aus deinem Palast gestohlen!« Der König betrachtete das Kollier und sah, daß es ein sehr kostbares Schmuckstück war, das aber nicht den Frauen seines Hauses gehörte.

Da wandte er sich an den Hirt und fragte ihn nach seinem Namen. »Schaman ist mein Name, erhabener König!« antwortete dieser. Der König Jalloul war erstaunt, daß er den gleichen ungewöhnlichen Namen trug wie der Diener seiner Tochter, und er sagte sich: »Diese beiden Männer haben eine Geschichte, die ich herausfinden muß!«

Er schickte den Schweinehirten fort, und dann forderte er Schaman auf, sich zu setzen und ihm die Geschichte des Halsbandes zu erzählen. Schaman erzählte ihm seine eigene Geschichte, wie er, der König von Jemen, eines Tages in den Hedschas aufgebrochen sei, um die Tochter des Emirs zu heiraten, die er in einer Kamelsänfte in sein Land geleitete. Er erzählte von dem Vogel, der ihm das Halsband entriß, als er es unter dem Vollmond betrachtete, und wie er bei der Verfolgung des Vogels von den drei Piraten überfallen worden sei.

Der König Jalloul staunte über diese abenteuerliche Geschichte. Er hatte von dem jemenitischen König gehört, und er wollte ihm alle Ehre erweisen, bevor er ihn in sein Land zurückkehren ließ. Da kam ihm der Gedanke, Schaman den Kleinen zu seinem Gesellschafter und Begleiter zu machen, da er gebildet, gesellig und höflich war, und er ließ ihn rufen.

Wie erstaunt war Dschauhara, als sie den König Schaman in diesem Palast sah! Sie hatte ihren Gemahl sofort erkannt, aber sie wollte ihre Geschichte noch vor dem König Jalloul geheimhalten. Außerdem wollte sie wissen, welche Bedeutung sie noch für ihren Mann hatte, und ob seine Liebe zu ihr die gleiche geblieben war.

Der König Jalloul erzählte Schaman dem Kleinen die Geschichte seines Gastes, des Königs von Jemen, dessen Anfang sie ja bereits kannte. Dann befahl er ihm, sich um den Gast zu kümmern und dafür zu sorgen, daß ihm die gebührende Ehre und Aufmerksamkeit zuteil werde, daß er königliche Gewänder erhalte und daß ihm alle Wünsche erfüllt werden.

Schaman der Kleine begleitete den königlichen Gast in den Gästepavillon des Palastes. Er ließ ein Bad vorbereiten und den Bademeister kommen, damit er den König mit kostbaren Ölen bade. Dann ließ er ihm sein Königsgewand bringen, das sie aus seinem Zelt geholt hatte an dem Morgen, als man ihn vermißt hatte.

Das Erstaunen des Königs war groß, sein eigenes Gewand hier im Palast vorzufinden, aber er äußerte sein Erstaunen nicht. Schaman der Kleine hatte in seinem Zimmer die besten Gerichte und Getränke für ihn auftischen lassen. Da Schaman der Große seit langem kein köstliches Mahl mehr gegessen hatte, aß und trank er begierig.

Unterdessen fragte ihn sein Begleiter: »Warst du nicht erstaunt, in diesem Lande jemanden zu treffen, der deinen Namen trägt?« Und als der König dies bejaht hatte, fuhr er fort: »Und warst du nicht erstaunt, daß man dir im Lande Somalia dein eigenes königliches Gewand anbietet?«

Bevor der König noch antworten konnte, kam die Prinzessin Leila, um den königlichen Gast zu begrüßen und Dschauhara und ihn zu ihrer Wiederbegegnung zu beglückwünschen. Aber Dschauhara machte ihr ein Zeichen, daß sie sich ihrem Gemahl noch nicht zu erkennen gegeben hatte, und Leila verließ sie.

Nach ihrem Weggang betrachtete Dschauhara den König aufmerksam, und nach einer Weile fragte sie ihn: »Wie findest du die Prinzessin Leila?« Der König antwortete: »Sie ist eine sehr nette und freundliche junge Dame.« – »Wer ist schöner, Leila oder Dschauhara?« fragte sie weiter. Der König erwiderte: »Leila ist sehr schön, aber Dschauhara ist, wie ihr Name sagt, eine Perle!« Der König Schaman hatte Dschauhara nur im nächtlichen Zelt gesehen, und er hatte die Einzelheiten nicht im Gedächtnis behalten. Aber er hegte seit einiger Zeit einen Verdacht, was den Jüngling Schaman betraf, vor allem, da er den Akzent der Bewohner des Hedschas in seiner Sprechweise erkannte.

Dschauhara hingegen hatte ihren Gemahl öfter als

einmal gesehen. Jedesmal auf der Reise, wenn er an ihrem Zelt vorbeikam, hatte sie hinter dem Fenster ihres Zeltes gestanden und ihm nachgeblickt, und so hatte sie ihn sofort wiedererkannt, als sie ihn beim König Jalloul sah.

Sie fragte ihn: »Möchtest du nicht die Prinzessin Leila heiraten?« Aber der König entgegnete: »Mein einziges Bestreben ist es jetzt, meine Frau zu suchen!« Sie schlug ihm vor: »Heirate Leila und suche Dschauhara!« Doch der König Schaman antwortete darauf: »Dschauhara würde böse sein, wenn sie wüßte, daß ich eine Nebenfrau nähme, und ich möchte sie nicht erzürnen!«

Sie fuhr fort: »Und wenn ich dir das Einverständnis von Dschauhara versichere ...« Der König fragte erstaunt: »Du kennst Dschauhara? Ich beschwöre dich im Namen Allahs, mir zu sagen, wo sie ist!«

Da sprach sie: »Weißt du, daß Dschauhara sich aufmachte, um dich zu suchen und daß sie dir bis ans Rote Meer folgte?« »Nein, das weiß ich nicht!« erwiderte der König.

»Weißt du, daß sie deine blutigen Schriftzeichen auf dem Felsen las und überlegte, was sie machen sollte? Aber in diesem Moment wurde sie von drei Piraten überfallen, die glaubten, daß sie ein junger Mann sei, denn sie trug dein königliches Kleid und ihr Kopf war mit einem Turban bedeckt.«

Der Verdacht des Königs wurde immer größer, aber sie gab ihm keine Gelegenheit, sie zu unterbrechen, sondern fuhr sogleich fort: »Würdest du Dschauhara erkennen, wenn du sie siehst?« Der König überlegte einen Augenblick und sagte dann: »Ich habe sie nur einen Augenblick im Mondschein gesehen, aber ich erinnere mich, daß sie unter ihrem linken Ohr einen kleinen Schönheitsfleck hatte.«

»War er so wie dieser hier?« fragte sie und wandte dem König ihr linkes Ohr zu. In diesem Moment gab es keinen Zweifel mehr für den König, daß Schaman der Kleine seine Frau Dschauhara war, und er rief mit einem tiefen Seufzer: »Du bist Dschauhara, meine Frau!«

Die Neuigkeit verbreitete sich im ganzen Palast. Der König Jalloul freute sich und kam mit seiner Tochter in den Gästepavillon, um den König und die Königin zu ihrer Wiedervereinigung zu beglückwünschen. Er ordnete ein großes Fest an und ließ seine Hauptstadt zu Ehren seiner königlichen Gäste schmücken. Die beiden Könige schlossen einen Freundschaftsvertrag zwischen dem Jemen und Somalia.

Nach einigen Tagen dankten der König Schaman und die Königin Dschauhara dem König Jalloul und der Prinzessin Leila für ihre Gastfreundschaft, und sie fuhren auf einem Schiff des Königs Jalloul in ihr Königreich.

Das Birkenmädchen

In einem Dorf zu Füßen des Langen Weißen Gebirges lebte ein Jäger mit Namen Udjir. Er war ein vortrefflicher Schütze, der mit der Jagd sich selbst und seine alte Mutter unterhielt. Die Mutter hatte ein hartes Los, denn kaum war Udjir zur Welt gekommen, als ihr Mann starb. Mit Ginsengsuchen und Kräutersammeln zog sie ihren Sohn allein auf. Nun war der Sohn bald dreißig Jahre alt und hatte noch immer keine Frau. Die Mutter hoffte nicht auf Gold und nicht auf Silber, sondern nur darauf, daß ihr Sohn sich bald mit einem guten Mädchen verloben würde. Die Mutter dachte an ihren Sohn, der Sohn liebte seine Mutter. Von den Innereien, von Herz und Leber der erbeuteten Tiere aß er nie selbst einen Happen, und das weichste Leder nahm er nie für eigene Kleidung. Was die Mutter sagte, das führte er aus, und alle Leute des Dorfes meinten, daß Udjir ein »sain haha«, ein guter Mann, sei.

Eines Tages nahm Udjir wieder von seiner Mutter Abschied, er lud sich eine kleine Wegzehrung auf den Rücken, hängte sich Pfeil und Bogen über, setzte sich auf sein geliebtes, schwarzmähniges Pferd und ritt zur Jagd aus. Der Sage nach gab es zu jener Zeit in den Wäldern des Langen Weißen Gebirges Vögel und Hirsche in Hülle und Fülle, und als Udjir so durch Bergwälder ritt und über Schluchten und Bäche setzte, gab er bei der Jagd nach dem kostbaren Wild auf nichts anderes acht. Er ritt und ritt, und die Sonne senkte sich bereits über den Bergen, aber er bemerkte nichts davon. Allmählich wurde es dunkel. Da erst sprang er vom Pferd und überlegte, wie er eine Hütte errichten könnte. Zu seinem Pech schien kein Mond am Himmel, und kein Stern leuchtete; es war so stockfinster, daß man nicht die Hand vor Augen sehen konnte. Es hätte ihm gar nichts ausgemacht, unter freiem Himmel die Nacht zuzubringen, da er keine Hütte aufschlagen konnte. Nur fürchtete er, daß wilde Tiere ihn ohne Erbarmen fressen würden.

So in besorgtes Grübeln versunken, erblickte er auf einmal nicht weit von sich den Lichtschein eines Feuers. Seltsam, wie konnte es im tiefsten Bergwald Menschen geben? Ihm wurde ganz beklommen zumute, aber unwillkürlich ging er näher. Als er herankam, stand da ein hübsches, ordentliches Häuschen mit drei Zimmern und einem Strohdach. Ah, die Götter haben mir heute nacht einen Unterschlupf geschenkt, dachte Udjir bei sich. Vor der Tür rief er:

»Ist jemand im Haus?«

»Jawohl, jawohl!«

Noch bevor diese Worte gefallen waren, trat durch die knarrende Tür ein großes, schlankes Mädchen heraus. Es trug eine lange, silberweiße Bluse und darüber einen smaragdgrünen, kurzen Umhang. Wie das Mädchen Udjir erblickte, betrachtete es, ganz ohne Scheu, den jungen Mann vom Scheitel bis zur Sohle und sprach dann lächelnd:

»Großer Bruder, so tretet doch ein!«

Wie Udjir sah, daß es ein großes Mädchen war, wurde ihm etwas unbehaglich, und als er dann noch hörte, daß ihn das Mädchen ins Haus bat, wurde er vor

Scham rot bis zum Hals. Wie das Mädchen da den jungen Mann erröten sah, sprach es wiederum lachend:

»Großer Bruder, Ihr seid aber wirklich schüchtern! Wenn die Leute in den Bergwäldern ein Haus sehen, so nehmen sie es als ihr Zuhause. Seht doch, wie dunkel es draußen ist! Kommt schnell herein!«

Lange stand Udjir am Eingang und überlegte hin und her. Er hatte ja tatsächlich für die Nacht keine Bleibe. Schließlich band er sein schwarzmähniges Pferd fest und folgte dem Mädchen über die Türschwelle. Im Zimmer blickte er sich um und sah, daß das Ofenbett ganz leer und sonst niemand da war. Nun wurde ihm noch unbehaglicher; er wollte sich umwenden und wieder hinausgehen. Da trat das Mädchen auf ihn zu und sprach:

»Verehrter Bruder, ich weiß wohl, daß Ihr allein mit Eurer Mutter Eure Tage verbringt. Da trifft es sich gut, daß auch ich ganz allein bin. Ihr kamt nun heute abend hierher, und wir sind so miteinander verbunden worden. Wenn Ihr nichts einzuwenden habt, so will ich gern Eure Gemahlin sein.«

Wie Udjir ihre Worte hörte, begann er, mit sich selbst ein Zwiegespräch zu führen: Es geht doch aber nicht, ich habe nicht mit der Mutter darüber gesprochen – allein kann ich es doch nicht entscheiden. Als ob das Mädchen seine Gedanken durchschaut hätte, sprach es:

»Deine Mutter hofft den ganzen Tag darauf, daß du eine Frau findest. So führ mich doch zu euch nach Haus. Deine Mutter wird sicher erfreut sein.«

Als das Mädchen sah, daß Udjir ihr immer noch nichts antwortete, sprach es weiter:

»Du gibst mir nichts zur Antwort. Brauchst du für all deine späteren Tage niemand im Haus?«

Udjir spürte, wie recht sie mit ihren Worten hatte. Noch einmal blickte er verstohlen zu ihr hin: Dieses Mädchen sah wirklich zu anmutig aus! Unter ganz langen Wimpern leuchteten zwei große Augen, das glänzende, schwarze Haar hing wie lange Ranken vom Scheitel bis unter die Knie hinab, und selbst eine Fee stand ihr an Schönheit bei weitem nach. Wie Udjir sah, daß das Mädchen sowohl hübsch als auch aufrichtig war, willigte er schließlich ein. Das Mädchen sprach:

»Du willst morgen wieder auf Jagd gehen, und ich will dich nicht abhalten. Nach der Jagd aber mußt du unbedingt zurückkommen und mich zu euch nach Haus führen!«

Udjir entgegnete:

»Ach, sei unbesorgt! Ich bringe dich bestimmt hin!«

Das Mädchen legte darauf seinen kurzen Umhang und seine lange Bluse ab, und den Umhang legte es Udjir unter den Körper und mit seiner Bluse deckte es ihn zu. Udjir war es ganz weich und warm. Da er den ganzen Tag herumgeritten war, konnte er sich vor Erschöpfung kaum auf den Beinen halten, fiel auf das Ofenbett und schlief sogleich ein.

Als er wieder die Augen aufschlug, wußte er nicht, wie lange er geschlafen hatte. Es war schon hell, zwischen dichtem Blattwerk schien ein wenig das Sonnenlicht hindurch und fiel auf seinen Körper. Mit einem Ruck erhob er sich. Da sah er, daß unter ihm eine dicke Schicht Birkenblätter ausgebreitet war und er mit einem großen Stück Birkenrinde zugedeckt war. Ihm zur Seite erhob sich eine große Birke, so hoch wie der Himmel. Der Stamm jener Birke war silberweiß und ihre Krone smaragdgrün, und er selbst lag zu ihren Wurzeln. Lange Zeit war er starr vor Staunen, aber dann begriff er auf einmal, daß es der Geist einer Birke in Menschengestalt war, den er getroffen hatte.

Nachdem Udjir den Birkenwald verlassen hatte, war er zwei Tage lang auf Jagd, fing einige Zobel, und machte sich dann auf den Rückweg. Er fürchtete sich davor, auf demselben Weg zurückzukehren und wieder dem Birkenmädchen zu begegnen. Aber seltsam war, daß er vor Furcht immer kopfloser wurde und hierhin und dorthin umherlief und doch wieder unter der hohen Birke ankam. Gerade wollte er sein Pferd peitschen und an dem Baum vorbeipreschen, als das Birkenmädchen schon vor ihm stand, lächelnd den Kopf des Pferdes festhielt und sagte:

»Da du nun zurückgekommen bist, so wollen wir zusammen zu dir nach Haus zurückkehren!«

Udjir hatte wirklich große Furcht. Er dachte bei sich, daß das Mädchen nicht nachgeben würde, wenn er es nicht nach Hause führte. Falls er sie aber heimbrächte, wüßte er nicht, was sie im Schilde führte. Mensch und Baum sind schließlich Wesen zweierlei Art.

Wie das Mädchen sah, daß Udjir zögerte, sprach es:

»Wir Leute in den Bergen sagen oft: Ausgesprochene Worte sind wie abgeschossene Pfeile. Die Bogensehne ist Herr über den Pfeil, der Mensch ist Herr seiner Worte. Kennst du nicht den Sinn dieser Sätze?«

Udjir wußte nichts darauf zu erwidern, er sagte nur kurz und hart:

»Gut, dann lauft hinter meinem Pferd her!«

Nach diesen Worten peitschte er sein Pferd, und sie

liefen über Berggipfel und sprangen über Schluchten, und setzten so über mehrere Berge hinweg. Wie er sich einmal umblickte, lief das Birkenmädchen schweißüberströmt und lächelnd dicht hinter seinem Pferd her. Da fühlte sich Udjir so schuldig, daß er die Peitsche einrollte, abstieg, und das Mädchen auf sein Pferd bat.

Als sie gegen Abend zu seinem Haus kamen, hatte seine Mutter schon davon vernommen, daß er eine Frau gefunden hatte, und eilig trat sie heraus. Das Birkenmädchen rief sie »Nana«, Mutter, fiel auf beide Knie nieder, schlug dreimal mit der Stirn auf den Boden, strich einmal über die Haare ihrer Schläfen, schlug insgesamt neunmal mit der Stirn auf den Boden, und strich dreimal über ihre Schläfen, und führte so die große Begrüßungszeremonie aus. Die Mutter war glücklich wie ein Ginsengsammler, der einen großen, alten Ginseng gefunden hat, ja sie war einfach außer sich vor Freude. Am nächsten Tag schlachtete man ein Schwein, lud alle Freunde und Verwandten des Gashan, des Dorfes, ein, stimmte Acabumbi-Lieder, Hochzeitslieder, an und tanzte den Mang-Tanz – und so wurden Udjir und das Birkenmädchen ein Paar.

Alle Menschen in den Bergen freuten sich darüber, daß Udjir sich eine Frau genommen hatte. Nur Udjir selbst war es, als ob in seinem Herzen ein Hase versteckt sei, und den ganzen Tag über pochte es heftig dort. Er hatte nicht erwartet, daß das Birkenmädchen, nachdem es in sein Haus gezogen war, immer früh am Morgen, noch beim Sternenschein, aufstehen und sich den ganzen Tag über keine Ruhe gönnen würde. Gerade hatte sie den Stößel niedergelegt, als sie schon siebte, und kaum hatte sie den Besen hingelegt, da spülte sie schon den Kochkessel. Das bescheidene Leben der Familie ließ sie rot und warm wie glühende Kohle werden. Besonders aufmerksam wartete sie der alten Mutter auf, und jeden Morgen, wenn sie aufstand, stopfte sie ihr eine Pfeife. Die Mutter rauchte sie genüßlich, und ihr wurde ganz behaglich zumute. Am Abend bereitete sie ihr das Bettzeug, ganz warm und wohlig lag die Mutter dann in der Steppdecke. Die alte Frau war darüber unsagbar erfreut. Auch zu Udjir war das Mädchen sehr liebevoll, und nach einem Jahr wurde ihr ein dickes Kindchen geboren. Allmählich beruhigte sich auch Udjirs Herz, das ihm erst so in der Kehle geschlagen hatte. Das Birkenmädchen war gutherzig und geschickt und dazu von hübschem Äußeren, und in allen Lebensdingen klug und erfahren. Ihr guter Name verbreitete sich, wie die Wellenkreise einer in den Himmelssee auf dem Langen Weißen Gebirge geworfenen Perle immer größer und weiter werden, und über kurz oder lang erfuhr ein entfernt wohnender Onkel Udjirs davon.

Eines Tages kam Udjirs Onkel in sein Haus. Die alte Mutter rief eilig ihre Schwiegertochter herbei, ihn zu begrüßen. Das Birkenmädchen war gerade hinter dem Haus zugange, als sie die Rufe der Mutter hörte, und sogleich trat sie durch die Tür ins Haus. Mit einem Blick wußte sie, daß Unheil drohte. Weil Udjirs Onkel sich gut auf das Unterwerfen böser Geister und das Fangen von Dämonen verstand, fürchteten ihn alle Geister sehr. Da wollte sie schnell wieder umkehren, aber nach den Regeln der Bannerleute kam sie nicht daran vorbei, als neue Schwiegertochter zuerst einen Angehörigen der älteren Generation zu begrüßen und das Ritual des Stopfens einer Pfeife auszuführen. So blieb dem Birkenmädchen nichts anderes übrig, als den Onkel höflich zu begrüßen, langsam eine Pfeife zu stopfen und sie ihm mit beiden Händen ehrerbietig zu überreichen.

Sobald der Onkel die Schwiegertochter hinausgehen sah, warf er die gestopfte Pfeife hin und sprach:

»Oje, meine liebe Schwester, ich glaube, Ihr habt aber eine kostbare Schwiegertochter bekommen! Sie ist kein Mensch, sondern ein teuflischer Geist.«

Als die alte Mutter das vernahm, war sie gar nicht erfreut, und sprach:

»Herr Onkel! Früher, als wir arm waren, habt Ihr nie einen Blick zu uns hineingeworfen. Jetzt aber, da nun Euer Neffe eine gute Frau hat und wir gerade ein paar glückliche Tage verlebt haben, kommt Ihr, um Geister und Dämonen zu fangen. Wollt Ihr zwei Tage hierbleiben, vertreibe ich Euch nicht. Wollt Ihr aber nicht bleiben, so geht schnell fort. Ich werde es nicht dulden, daß Ihr meiner Familie Unheil bringt!«

Wie der Onkel sah, daß seine Schwester seine Worte nicht aufgenommen hatte, sprach er:

»Es ist deine Sache, meinen Worten zu glauben. Sei aber später auf der Hut!«

Nach diesen Worten erhob er sich und ging fort.

Eigentlich schenkte ihm die Mutter keinen Glauben, aber in ihrem Herzen kamen nun doch Zweifel auf. Sie liebte ihren Sohn und liebte ihren Enkel, und sie fürchtete, daß der Geist ihnen Schaden bringen könnte. Eines Morgens, als die Schwiegertochter noch nicht bei der Arbeit in der Küche war, entzündete sie heimlich eine Schweinsfettlampe, blickte durch das Holzgitter ins äußere Zimmer und sah, wie die Schwiegertochter gerade dort beim Kämmen war. Aber was war das für ein Kämmen?! Mit beiden Händen befestigte sie Stück für Stück leuchtendgrüne Birkenblätter an ihrem Kopf. Vor Schreck stürzte die Mutter aufs Ofenbett, der Atem stockte ihr. Das Birkenmädchen lief schnell ins innere Zimmer, hielt die Mutter fest und rief sie lange Zeit. Da erst kam die Mutter wieder zu sich. Als die Schwiegertochter gerade einmal hinausgegangen war, trug sie ihrem Sohn auf: »Schnell, schnell, geh und hol den Onkel!«

Udjir fürchtete, daß die Mutter wieder die Besinnung verlieren und sterben würde, und so blieb ihm nichts übrig, als den Onkel zu suchen.

Als die alte Frau ihren Bruder sah, erzählte sie ihm hastig, wie sie am frühen Morgen das Mädchen sich kämmen gesehen hatte. Der Onkel sprach zu ihr:

»Schwester, Ihr wißt es noch nicht! Dieser Geist will Euch wirklich übel zusetzen. Noch vor Ablauf eines Jahres werdet Ihr am ganzen Körper schwer erkranken, und es mag sein, daß Ihr dann bald sterben müßt. Wenn sie Euch zu Tode gequält haben wird, wird sie das Blut ihres Gatten trinken und das Fleisch ihres Kindes essen.«

Wie die alte Frau dies hörte, begann sie am ganzen Körper vor Schreck zu zittern, so wie ein Sieb beim Sieben von Spreu, und sagte:

»Herr Onkel, helft mir, sie aus der Welt zu schaffen!«

Da sagte ihr Bruder:

»Seid unbesorgt, Schwester! Überlaßt das Fangen des Geistes nur ganz mir!«

Nach diesen Worten hieß er Udjir, ihm einen Beschwörstand zu errichten. Udjir wußte wohl, daß der Onkel seiner Frau zu schaden trachtete und wollte nicht gehorchen, aber da er den Zorn seiner Mutter fürchtete und es auch nicht ertragen konnte, vom Onkel dazu genötigt zu werden, baute er unter Tränen im Hof einen Beschwörstand. Der Onkel löste sein Haar, erhob sein Schwert, sprang mit einem hohen Satz auf den Beschwörstand und murmelte:

»Bei des Südgestirns Schein zum Nordbären hin,
bei des Nordbären Schnauze stehend,
das Siebensternschwert erhebend,
steigt der Wahre Mensch zum Beschwörplatz
empor.
Schluckt es in euren Bauch!
Gebt mir Dämonen und Teufel!
Sechs Sterne des Südbären!
Sieben Sterne des Nordbären!
Eure heilige Weisung empfang ich!
Damit dieses Wesen zu fangen, gelingt ...«

Während der Onkel im Hof seine Beschwörung vollzog, vergoß das Birkenmädchen im Haus Tränen, und vor Angst begann auch das Kind zu schreien. Wie Udjir das Kind weinen hörte, ging er zitternd ins Haus. Das Birkenmädchen sprach zu ihm:

»Mein Gemahl! Seitdem wir Mann und Frau wurden – wie bin ich zu Euch und der alten Mutter bisher gewesen?«

Udjir war ein ehrlicher Mann und er sagte aufrichtig:

»Bisher immer sehr gut!«

Weiter sagte das Birkenmädchen:

»Da es bisher immer sehr gut war – warum holt Ihr dann den Onkel, um Aufregung zu stiften?«

Udjir wußte, daß er keinen Grund nennen konnte, und antwortete nichts. Das Birkenmädchen sah, daß er bekümmert war, und um ihn nicht zu quälen, sagte es:

»Euer Onkel will mich jetzt mit allerlei Worten fangen. Sein ganzes Zeug ist eine betrügerische Kunst, und ich habe keine Angst, gefangen zu werden. Aber wenn sich die Kunde davon verbreitet und die Nachbarn und das Dorf die Sache nicht begreifen – wie kann ich dann weiter hier leben? Ich will gehen!«

Als Udjir hörte, daß das Birkenmädchen gehen wollte, hielt er seine Hand fest und sagte:

»Nein, tu doch uns Eltern den Gefallen und hab' Erbarmen mit unserem Kind! Geh nicht fort!«

Das Birkenmädchen antwortete:

»Wenn du ehrlich willst, daß ich bleibe, nimm aus der Ahnenschachtel unserer Familie die Ahnenschnur heraus und häng' sie mir an die Hüfte. Wenn die alte Mutter sieht, daß die Ahnen mich schützen, kann sie mir nicht böse sein.«

Die Ahnenschnur ist Sinnbild für das Gedeihen der Nachkommen bei den Mandschu. Jeder Sohn und Enkel hängt einen fünffarbenen Faden an die Schnur, um so die Fodo mama, die Ahnin der Mandschu, um Glück und Segen zu bitten und Unheil abzuwenden. Wie es jedoch die Vorschrift will, darf diese Ahnenschnur nur beim Opfer an die Ahnen herausgenommen werden, nicht an gewöhnlichen Tagen. Um jedoch das Birkenmädchen bei sich zu behalten, kümmerte sich

Udjir nicht um dieses Verbot. Er ging ins westliche Zimmer, nahm die Ahnenschnur aus der Ahnenschachtel und band sie dem Birkenmädchen an die Hüfte.

Was den Onkel anging, so sprach der Beschwörungen und bot seine ganze Kunst auf, aber das Birkenmädchen hatte er nicht gefangen. Als er dann unterhalb des Beschwörstands fehltrat, hätte er sich fast verletzt. Er erhob sich mühsam vom Boden und war wütend und zornig. Als er ins Haus trat und das Birkenmädchen mit der Ahnenschnur an der Hüfte vor dem Platz der Ahnen knien sah, verdrehte er einige Male die Augen und rief dann:

»Schwester, Schlimmes ist geschehen! Der teuflische Geist besudelt die Ahnen!«

Und noch bevor die Mutter verstand, was los war, rief er nach Udjir:

»Geh nach draußen und grab' für mich eine Grube von drei Klafter und neun Fuß im Geviert. Darin häuf' Reisig auf, und gieß Wildschweinfett darüber. Ich will den Feuerdrachen laufen lassen. Heut muß ich sie fangen!«

Udjir wollte nicht gehen, aber die Mutter forderte ihn von der Seite her weiter auf:

»Geh, grab schnell die Grube!«

So hatte Udjir wieder keine Wahl, als draußen die Grube auszuheben. Wie der Onkel sah, daß die Grube fertig und voll Reisig war, goß er einen Krug Wildschweinfett darüber, gab einmal Zunder darauf, und die ganze Grube begann lichterloh zu brennen. Wie das Birkenmädchen sah, daß es so wild herging, sprach es da zu Udjir:

»Ich kann nicht länger bleiben! Ich sage dir nur einen Satz: Sorge gut für die Mutter!«

Nach diesen Worten ergriff sie eine Schale, nahm das Kind auf den Arm, trat über die Türschwelle und erhob sich in die Luft, wo sie über dem Feuerdrachen hinwegflog. Der Onkel war gerade dabei, sein Haar zu lösen, das Schwert zu ergreifen und Beschwörungen zu murmeln, um sie zu fangen. Dieser Anblick ließ das Birkenmädchen hoch droben in der Luft erzürnen, sie warf die Schale hinab, so daß der Onkel vom Schlag zurücktaumelte. Als er schließlich wieder auf die Beine kam, war das Birkenmädchen schon längst verschwunden.

Der Onkel, beschämt und zornig zugleich, beschimpfte Udjir heftig und beschuldigte ihn, dem teuflischen Geist dabei geholfen zu haben, seine Künste zu vereiteln und seinen Ruf zunichte zu machen. Nachdem er zu Ende geschimpft hatte, verlangte er von seiner Schwester die Silberstücke für die Unterwerfung des Dämonen und wollte gehen. Da hielt ihn die alte Frau eilig fest und sprach:

»Herr Onkel, Ihr habt den teuflischen Geist dazu gebracht fortzulaufen, und auch den Enkel hat er mitgenommen. Ihr seid klug und erfahren! So helft doch Udjir, eine neue Frau zu finden!«

Da sagte der Onkel zu ihr:

»Ach, meine liebe Schwester, wie könnte ich mich um soviel Dinge kümmern, die mich nichts angehen! Mein Geschäft ist nur, Dämonen zu fangen und nicht, nach Frauen zu suchen!«

Mit diesen Worten ging er davon, ohne sich umzublicken. Nun verbrachten Udjir und seine alte Mutter ihre Tage wieder allein. Das lächelnde Gesicht jenes Mädchens war nicht mehr da, die Stimme des Enkels, sein Schreien und sein Rufen nach der Oma waren verklungen, die bitter verdienten Silberstücke hatte der Bruder, der Dämonen unterwarf, eingesteckt, und die gerade warm und strahlend gewordenen Tage wurden wieder kühl und glanzlos. Die Mutter konnte es nicht genug bereuen, aß und trank nichts mehr, lag nur auf dem Ofenbett und konnte sich nicht mehr erheben.

Nach dem Tod der Mutter blieb Udjir allein übrig. Er ritt nicht mehr und schoß nichts mehr und ging nur nach Laune in die Berge. So kam er, ohne es zu merken, zu jener ganz hohen Birke. Ihm war, als ob er wieder in jenes kleine Strohhäuschen mit den drei Zimmern träte, jener weiche, warme, grünleuchtende Umhang ausgebreitet würde und er mit der langen, silberweißen Bluse zugedeckt würde.

Einige Tage später kamen Männer aus dem Dorf zur Jagd in die Berge und auch an jenem Birkenwald vorbei. Da erblickten sie Udjir. Nicht Tiger hatten ihn gefressen und auch Schlangen nicht gebissen. Jene große, hohe Birke umarmend, war er gestorben.

Annie Christmas

Lotsen, die die großen Raddampfer auf dem Mississippi begleiten, wissen zu berichten, daß sich auf der Höhe von Natchez in klaren Vollmondnächten über dem Fluß manchmal ein riesiges schwarzes Phantom zeigt. Gleichzeitig vernimmt man zwischen Himmel und Erde einen lauten feierlichen Gesang, dessen Melodie an die Totenklage der Schwarzen erinnert. Die Schwarzen, die in diesen Landstrichen nördlich von New Orleans leben, sagen dann, der Geist der Annie Christmas gehe um. Da sie der Meinung sind, daß sich die Erscheinung immer vor großen Überschwemmungen sehen läßt und diese vermieden werden könnten, wenn man das Riesengespenst besänftigt, stellen sie in den folgenden Nächten allerlei Opfergaben wie Melasse, Maiskolben und Töpfe mit Honig neben einen ausgehöhlten und mit einer Kerze beleuchteten Kürbis, der Annies Aufmerksamkeit erwecken soll.

Die Schiffer auf dem Fluß aber sagen, wenn übernatürliche Dinge geschehen: »Das geht mit Annie Christmas zu.«

Fragt man nun die Schwarzen, wer denn diese Annie Christmas gewesen sei, so erhält man folgende Auskünfte:

Annie Christmas wog zweihundertfünfzig Pfund und war sechs Fuß groß. Auch hatte sie den schönsten Schnurrbart zwischen New Orleans und St. Louis. Sie war kräftig wie ein Mann.

Sie konnte mit einem Griff drei Fässer Mehl fassen. Eines nahm sie auf den Kopf, und je eines unter jeden Arm, und wenn die Gegend von New Orleans von Überschwemmungen heimgesucht wurde, rannte sie überall herum und erhöhte die Dämme.

Schon damals wußte niemand so recht, ob sie ein menschliches Wesen sei oder ein Geist.

Einmal wollte sie einen Lastkahn eilig von New Orleans nach Natchez bringen, und was tat sie? Sie griff sich das Kieltau und zog das Boot, durch das Wasser watend, hinter sich her. Leute, die zugesehen haben, behaupten, daß das Boot während der ganzen Fahrt nicht ein einziges Mal die Wasseroberfläche streifte, sondern ständig durch die Luft flog. Der Kapitän konnte sich bequem in seinen Korbstuhl zurücklegen, und die Mannschaft vergnügte sich damit, daß sie mit den Möwen Wetten abschloß, wer schneller an der nächsten Flußschleife sein werde. Eine Schwäche hatte Annie: ein Spieler, der Charlie hieß. Charlies Schnurrbart war womöglich noch prächtiger als der von Annie, und außerdem trug er Kleider, die auf keine Frau ihren Eindruck verfehlt hätten.

Annie verliebte sich also in Charlie, aber es dauerte lange, bis dieser ihre Liebe erwiderte. Schließlich aber heiratete er sie doch, und im Jahr darauf schenkte ihm Annie zwölf Söhne. Ehe die Kinder noch ihr sechstes Lebensjahr vollendet hatten, waren sie schon sieben Fuß groß.

Eines Nachts ging Charlie ins Spielkasino von New Orleans und begann dort, Roulette zu spielen. Er setzte vier Dollar auf Rot, stützte seinen Kopf in die Hand und wartete, bis die kleine silberne Kugel stillstand. Rot gewann. Charlie rührte sich nicht und ließ seinen Einsatz und seinen Gewinn stehen. Rot gewann wieder und wieder. Seine Freunde baten ihn, doch nun aufzuhören, nachdem er schon so viel gewonnen hatte. Früher oder später mußte sich das Glück gegen ihn wenden. Aber Charlie hörte nicht auf sie. Er saß da, den Kopf in die Hände gestützt und verzog keine Miene. Als Rot zum sechzehnten Mal gewann, und Charlie seine achttausend Dollar Einsatz auf Rot stehen lassen wollte, verkündete der Croupier, das Haus sei nun nicht länger zahlungsfähig und bitte Charlie, für diesen Abend das Kasino zu verlassen. Charlie rührte sich nicht. Der Croupier stieß ihn an. Da glitt Charlie vom Stuhl und fiel auf den Boden. Er war schon seit geraumer Zeit tot gewesen. Das Kasino hatte gegen einen toten Mann gespielt, und der tote Mann hatte gewonnen.

Als Annie Christmas hörte, daß Charlie gestorben sei, war sie untröstlich. Sie richtete für ihn ein prächtiges Begräbnis aus, für das sie die gesamten achttausend Dollar verbrauchte, die Charlie gewonnen hatte. Dann zog sie ihr schwarzes Seidenkleid an, legte ihren schönsten Schmuck an und erschoß sich.

Die Leute von New Orleans aber behaupten, sie habe sich nicht erschossen, sondern sei mit einem Feuerwerk in den Nachthimmel gefahren, wo sie die Geister, die ihre Vorfahren aus Afrika mitgebracht haben, freudig begrüßten und mit ihr ein ausgelassenes Fest feierten. Sicher aber ist, daß seit jener Nacht Annie Christmas der gute Geist von New Orleans ist, der die Einwohner dieser Stadt und die Ländereien am Mississippi schon vor manchem Schaden bewahrt hat.

Ishanihura

Ishanihura war ein junges Mädchen wie andere auch. Sie wuchs auf als einzige Schwester unter neun Brüdern, und alle hatten sie gern. Der Erstgeborene war ein Sohn, Makikirèn, ein sanftes Kind und so schön, daß Vater und Mutter seufzten, wenn sie ihn ansahen; sie wußten, daß es schwer ist, jemanden zu behüten, der so schön ist. Ishanihura kam als nächstes Kind zur Welt, und sie war so eigenwillig und leidenschaftlich, wie ihr älterer Bruder schön war. Nach ihr wurden acht Jungen geboren, und dann war die mit Erde bedeckte Hütte auf der Lichtung in den einsamen Hügeln so voll, daß niemand mehr in ihr Platz hatte.

Die Eltern lehrten ihre Kinder, was ein Mensch wissen muß: was man glauben soll, was man tun soll, was man nicht tun soll. Die Kinder hörten, wie die Welt erschaffen worden war, und sie hörten vom Anfang aller Dinge. Sie lernten die Geschichte des Volkes, seine Lieder und seine Geschichten, und sie lernten die Sprache der Frauen. Ishanihura und ihre Mutter sprachen nur diese Sprache, und der Vater und die Brüder bedienten sich ihrer, wenn sie mit ihnen sprachen. Ishanihura lernte kochen und Samen sammeln, Mehl mahlen, nähen und Körbe flechten. Vom Vater lernten die Jungen die Sprache, die die Männer benutzen, wenn sie unter sich sind; und sie lernten zu jagen, Fallen zu stellen, zu fischen, Unterstände und Hütten zu bauen und Werkzeuge anzufertigen. Es war ein gutes

Leben. Der Vater und die Mutter hätten glücklich und zufrieden sein können. Aber sie empfanden ein Unbehagen, dessen Ursache sie nicht zu benennen wußten.

Makikirèn wurde groß und schlank und noch schöner, und weil sie fühlten, daß er bedroht sei, wollten sie ihn verbergen und von den anderen fernhalten und schickten ihn zu Besuch zu seinen Großeltern, die flußabwärts wohnten. Öfter und öfter reiste er allein durchs Land, bis er eines Tages den Weg auf den Himmelsboden fand und sich dort mit den Himmelsmenschen anfreundete. Von diesem Tag an verbrachte er viel Zeit dort. Vielleicht war der Himmelsboden in jenen alten Zeiten der Erde noch näher als heute, denn wir wissen, daß die wilden Gänse und andere hochfliegende Vögel damals ohne Anstrengung in die Himmelswelt flogen und daß es Leute gab wie Makikirèn, die kamen und gingen zwischen Himmel und Erde hin und her, was heute nicht mehr möglich ist. Seiner Schwester schien es so, als sei Makikirèn ganz von zu Hause verschwunden. Zuerst fragte sie ihre Mutter deswegen, aber dann gewöhnte sie sich daran und stellte nicht länger Fragen.

Ishanihura kam in das Alter, da aus dem Mädchen eine Frau wird, und einmal im Monat, wenn sie unrein wurde, zog sie in das kleine, mit Erde bedeckte Haus, das man ihr neben dem großen Familienhaus gebaut hatte. Sie war nie ein sehr glückliches Kind gewesen, aber jetzt war sie mehr denn je ruhelos, mißmutig und unzufrieden, und ihre Eltern überlegten sich, daß es das beste sein werde, sie bald, sehr bald in die Dörfer im Unterland zu ihren Großeltern zu schicken, wo Gelegenheit war, sich unter den Söhnen der Freunde ihrer

Eltern einen Mann zu suchen. Ishanihura schien nicht viel daran zu liegen, die Leute im Unterland kennenzulernen, und so wurde denn ihre Reise immer wieder hinausgeschoben.

Hinter dem Haus in einiger Entfernung zwischen den Bäumen lag eine Quelle und etwas weiter abwärts ein schattiger Teich, in den das Wasser aus der Quelle floß. Hierhin kamen Ishanihura und ihre Mutter, um Wasser zu holen und Wäsche zu waschen, und auch der Vater und die Brüder des Mädchens kamen nackt aus dem Schwitzhaus dorthin, um zu baden. Es war ein ruhiger stiller Wald, und Ishanihura saß gern am Rand des Teiches, starrte in seine dunkle Tiefe und hing ihren seltsam-düsteren Träumen nach.

Als sie nun eines Tages wieder dort saß und ihre Hand spielerisch durch das Wasser gleiten ließ, ringelte sich ein einziges menschliches Haar um ihre Hand und ihren Arm. Sie nahm ein Ende des Haares, zog es gerade und fragte sich, von wem es wohl sein mochte. Von ihr selbst oder von ihrer Mutter konnte es nicht sein, dazu war es zu grob, von ihrem Vater auch nicht, dazu war es zu lang. Da aber sonst niemand aus der Familie in diesem Teich zu baden pflegte, konnte es nur von einem ihrer Brüder stammen.

Von welchem Bruder?

Sie maß das Haar an ihrem eigenen langen Haar. Es hatte dieselbe Länge.

Sie ließ das Haar durch ihre Finger gleiten, der Tag verging. Die Sonne sank, und die Schatten wurden lang und länger. Ihre Mutter rief sie. Da wickelte sie das Haar um das Band, das ihr eigenes Haar hielt. Als sie aufstand, sah sie ihr Spiegelbild im Wasser, und seltsam erregt, von dem, was sie da sah, begann sie, einen steifen Tanz zu tanzen, bei dem sie mit den Armen schlug, und ihren Kopf bewegte, bis sie ihre Mutter noch einmal rief. Da rannte sie rasch zur Hütte.

Nach dem Essen ging der Vater mit zwei von den älteren Jungen ins Schwitzhaus. Makikirèn war zu dieser Zeit nie mehr daheim bei seiner Familie. So blieben Ishanihura, ihre Mutter und die jüngeren Brüder allein zurück. Sie setzten sich ans Feuer, und die Kinder baten die Mutter, sie möge ihnen eine Geschichte erzählen.

Sie erzählte ihnen die lange Geschichte von der Erschaffung der Welt, wie die Täler und Berge entstanden, die Quellen und Flüsse, die Pflanzen und Bäume und endlich auch all die Tiere. Von hoch oben sah der Adler, der Schöpfer, auf alles herab, und alles schien gut, nur, daß es keine Menschen gab. Da rief der Adler seine beiden Kinder, einen Sohn und eine Tochter, und er befahl ihnen, auf die Erde hinabzusteigen, damit es dort Menschen gebe. Sie gehorchten, und sie waren ganz allein auf der Erde. Der Junge sagte zu seiner Schwester: »Komm, wir wollen miteinander schlafen!« Sie antwortete nicht. Fünfmal fragte er sie, und nach der fünften Aufforderung sagte sie: »Warum schlägst du mir das vor? Du bist doch mein Bruder.« Er sagte: »Wir sind allein. Es gibt keine anderen Menschen. Wenn wir zusammen schlafen, werden Kinder geboren werden, und wir werden nicht länger allein sein. Deshalb hat uns Vater Adler auf die Erde geschickt.«

Da war die Schwester einverstanden, sie schliefen zusammen und zeugten Kinder. Und als die Kinder geboren waren, teilte der Adler seinen Enkeln besondere Orte zu, einem dieses Tal und dem anderen jenes Gebirge, und dort lebten sie und wurden zu verschiedenen Völkern, so wie die Menschen heute. Eine Heirat zwischen Bruder und Schwester aber, so schloß die Mutter ihre Geschichte, hat es nur einmal im Anfang der Schöpfung gegeben.

Während die Kinder gebannt der Mutter zuhörten, glättete Ishanihura das Haar ihres jüngsten Bruders. Sie saß halb im Dunkeln, holte das Haar hervor, das sie aus dem Teich gefischt hatte, und fühlte, daß es gröber war als das Haar ihres jüngsten Bruders. Sie rückte zu den anderen beiden Knaben und verglich auch ihr Haar mit dem Haar aus dem Teich. Nein, von ihnen stammte dieses Haar nicht. Vielleicht gehörte es einem der Jungen, die mit dem Vater im Schwitzhaus waren.

Sie würde sich etwas ausdenken müssen, um das nachprüfen zu können, denn die beiden anderen Knaben waren älter und schliefen im Männerhaus. Sie sah sie nicht mehr so häufig, seitdem sie mit dem Vater in diesem anderen Haus wohnten, und gewiß würden sie sich auch nicht die Haare kämmen lassen wie die jüngeren Brüder.

Die Zeit kam wieder, zu der Ishanihura das kleine Mädchenhaus bewohnte, weil sie unrein war. Eines Abends, als sie in Gedanken verloren vor ihrer Hütte saß, hörte sie von fern her ihren Vater und ihre Brüder im Schwitzhaus singen und beten. Bald, das wußte sie, würden sie zum Teich gehen und dort baden. Die Nacht war klar, und nur die Sterne gaben Licht. Ishanihura schlich sich zum Teich und verbarg sich dort.

Die Tür des Schwitzhauses wurde aufgestoßen, aber nur ein Mann kam heraus. Sie hörte das Geräusch der nackten Füße, und die dunkle Gestalt kam so nahe an ihr vorbei, daß sie ihn hätte berühren können. Der Mann hob seine Hände hoch über den Kopf, legte die Finger aneinander, daß sie einer Speerspitze glichen, und sprang ins Wasser. Er tauchte, kam hoch und schwamm zwei-, dreimal im Kreis im Teich herum. Dann zog er sich ans Ufer, preßte sein langes Haar aus und ließ die glitzernden Tropfen über seine Arme und Beine rinnen. Darauf stand er mit einer raschen Bewegung auf, rannte den Hügel hinauf und verschwand in der Nacht.

Als er fort war, schlich sich Ishanihura vorsichtig zu der Stelle, an der er die Nässe aus seinem Haar gepreßt hatte – vorsichtig, weil sie damit rechnen mußte, daß die anderen Brüder ihm folgen würden. Und da ... wie sie gehofft hatte, fand sie dort, wo er gesessen hatte, ein Haar. Immer noch ängstlich, daß ihr jemand begegnen könnte, legte sie das eben gefundene Haar um ihren Hals, lief zu ihrer kleinen Hütte zurück und verglich dort die beiden Haare aus dem Teich miteinander. Sie waren gleich. Sie hielt sie hoch und ließ sie vor ihren Augen in der Luft schweben. Da überfiel sie Verlangen nach dem, dessen Haar sie zwischen ihren Fingern hielt.

Sie setzte sich ans Feuer und dachte nach.

Welcher ihrer Brüder mochte es sein?

Und warum war nur einer ihrer Brüder zum Teich gekommen? Nun, das mußte sich bald herausstellen. Sie würde nur am Abend jeweils weiter beobachten müssen. Bei diesen Gedanken wickelte Ishanihura die kostbaren Haare in ihr eigenes Haar ein und legte sich schlafen. In ihren Träumen sah sie die jungen Mädchen aus den Geschichten, die ihre Mutter zu erzählen pflegte, Mädchen, die ihr kleines Haus entgegen Sitte und Gebot verlassen hatten. Einige waren von Schlangen gebissen worden und auf der Stelle gestorben, andere hatten Unglück und Schande über ihre Familien gebracht. Eine gab es, die hatte sich geschnitten und ihr eigenes Blut aus der Wunde gesaugt, und da sie den Geschmack so sehr liebte, saugte sie mehr und mehr davon, bis sie selbst schließlich nur noch ein Kopf war – der Menschenfresserschädel, der über die Erde rollte mit einem unersättlichen Verlangen nach mehr und mehr Menschenblut.

Als sie am Morgen erwachte, vergaß Ishanihura ihre Träume und erinnerte sich nur noch an ihr Verlangen. Als der Abend kam, verbarg sie sich wieder am Teich. Aber in dieser Nacht kamen zwei ihrer Brüder zusammen mit dem Vater, und keiner der drei tauchte oder schwamm wie jener, den sie in der ersten Nacht beobachtet hatte. Ishanihura konnte ihre Enttäuschung nur schwer verbergen. Sie war ruhelos und unglücklich und blieb es all die Tage, bis die Zeit wieder kam, da sie unrein wurde und wieder in das kleine Haus zog. Wieder verbarg sie sich am Teich, sobald es dunkel geworden war. Sie mußte lange warten. Sie sah den Mond über dem stillen Wald aufgehen, und als sie endlich das Geräusch von nackten Sohlen auf dem Waldboden näher kommen hörte, lag der Teich im vollen Licht des Mondes da. Ishanihura kauerte sich im schmalen Schatten einer Pinie zusammen. Wieder sah sie einen Mann ins Wasser schnellen, im Teich umherschwimmen, wieder zog er sich ans Land und preßte am Ufer seine nassen Haare aus. Schattenlos und glitzernd fielen die Tropfen auf seine Haut, da erkannte Ishanihura, daß der Schwimmer Makikirèn war. Makikirèn, der Schöne!

Als Ishanihura in das große Haus zurückkehrte, war sie fast glücklich, und der Vater und die Mutter glaubten schon, es werde mit ihr alles gut werden. Manchmal schlich sie sich fort. Fragte man sie, wo sie gewesen sei, so gebrauchte sie Ausreden, aber schließlich war sie doch damit einverstanden, flußabwärts zu reisen und sich im Unterland einen Mann zu suchen. Kleider wurden genäht, Lebensmittel zusammengetragen, und Ishanihura schien sich auf die Reise zu freuen.

Unterdessen hatte sich Ishanihura sehr genau mit Makikirèns Gewohnheiten vertraut gemacht, mit den Zeichen, die dem Vater verrieten, daß er heimkam, mit den Geräuschen, die im Wald zu hören waren, wenn er sich näherte. Sie hatte in Erfahrung gebracht, daß er jeden Monat mehrere Nächte im Männerhaus blieb und dort mit seinem Vater und seinen Brüdern sich unterhielt, mit ihnen sang und betete, um dann vor Tagesanbruch wieder fortzugehen.

Ein neuer Lederrock, neue Sandalen und die schönste Pelzweste der Mutter lagen für Ishanihuras Reise bereit. Ihr Vater erklärte ihr den Weg, den sie einschlagen sollte. Freilich müsse sie nach Westen laufen, sagte er ihr. Den Strömen zu folgen, bedeute eine sichere, aber lange Reise. Die Abkürzung über das Gebirge hingegen sei steil und anstrengend.

»Aber ich kann nicht allein gehen«, unterbrach sie ihn, »jemand muß mich begleiten.«

»Natürlich. Wahrscheinlich möchtest du, daß dein Vater mitkommt«, sagte die Mutter.

»Nein«, antwortete Ishanihura, »nein, mein Vater wird nicht die rechten Worte finden, wenn ich einen jungen Mann gewählt habe.«

»Gut«, beruhigte sie der Vater, »ich werde hierbleiben. Deine Mutter wird mit dir kommen.«

»Meine Mutter kann mit fremden Leuten nicht reden. Ich will nicht, daß meine Eltern mitkommen!«

»Dann wird dich einer deiner Brüder begleiten.«

»Ja, einer meiner Brüder!«

Die Jüngeren boten sich an. »Nimm uns mit, Schwester«, sagten sie, »wir werden für dich fischen und Kaninchen fangen.«

»Ihr seid noch zu jung«, sagte Ishanihura zu ihnen, »was sollen die Leute denken, wenn ich mit euch komme?«

Die älteren Jungen schlugen ihr vor, sie zu begleiten. Sie hatte bei jedem einen neuen Einwand, bis schließlich ihr Vater sagte:

»Aber wer soll dich dann begleiten, Ishanihura?«

»Ich möchte, daß Makikirèn mich in den Westen bringt.«

»Wir wissen nicht, wo Makikirèn ist ...«

»Er ist manchmal krank ...«

»Makikirèn ist weit fort ...«

»Er ist bei dem Himmlischen Volk ...«

So redeten sie, bis Ishanihura sie anschrie: »Ihr lügt! Makikirèn ist im Schwitzhaus! Er ist hier. Er ist nicht krank, und er geht auch nicht zu den Himmelsmenschen. Er wird mich hinbringen, oder ich gehe nicht. Er wird mich begleiten, oder ich werde nie heiraten.«

Diese Worte hörte Makikirèn, der sich dem Haus genähert hatte, um seinen Vater zu suchen.

Er kam herein und sagte:

»Beruhige dich, Schwester«, und an seine Eltern gewandt, fügte er hinzu: »Macht euch keine Sorgen. Ich werde sie in den Westen bringen. Ich bin ihr ältester Bruder. So ist es recht. Ist denn alles für die Reise bereit?«

»Alles ist bereit, Bruder.«

»Also werden wir morgen früh aufbrechen, sobald es anfängt, hell zu werden.«

So war denn alles besprochen, und die Familie legte sich schlafen, aber nur Ishanihura war glücklich über das, was an diesem Abend entschieden worden war.

Beim ersten Licht des neuen Tages machten sich Makikirèn und Ishanihura auf den Weg, ihr Tragekorb war schwer von Lachsmehl, Maisbrot und gestampften Manzanita-Beeren, denn dies war eine lange einsame Reise.

Makikirèn ging voran, und als die Sonne hoch am Himmel stand, vermochte Ishanihura mit ihm nicht mehr Schritt zu halten. Sie setzte ihren schweren Tragekorb ab und sagte:

»Laß uns rasten, Geliebter.«

Makikirèn blieb stehen: »Was hast du da gesagt, Schwester?«

»Ich sagte, geh nicht so schnell, älterer Bruder.«

Makikirèn ging nun langsamer.

Ishanihura, wütend auf ihn und wütend auf sich selbst, sagte nichts mehr, sie wiederholte nur bei sich selbst, während sie ging, einen geflüsterten Singsang: Oh, daß doch die Sonne bald versinken möge am Rande der Welt! Oh, daß doch die Dunkelheit bald kommen möge und lange bleibe, damit ich zärtlich spielen kann mit dem, wodurch sich mein Geliebter unterscheidet von mir, damit ich es küssen und lieben kann, bis es in meinen Leib fährt wie ein Blitzschlag.

Und dies ist der Gesang, den die Indianermädchen am Tag ihrer Hochzeit singen.

Endlich sank die Sonne hinter den Rand der Welt hinab. Über den Wald senkte sich Dunkelheit, und sie konnten nicht weitergehen. Schon am Nachmittag waren Wolken am Himmel gewesen, und nun, bei Sonnenuntergang, fielen einige Tropfen Regen. Sie stellten ihre Körbe auf den Boden, und rasch und geschickt baute Makikirèn aus Rinde ein Schutzdach, und als es stärker zu regnen begann, hatte er schon ein Feuer angezündet, und Ishanihura kochte das Essen. Sie aßen und wärmten sich nahe dem Feuer, während draußen der Regen dichter und dichter in die Dunkelheit um sie fiel.

Nach dem Essen saß Makikirèn am Feuer, während Ishanihura Farne, die sie zuvor gepflückt hatte, auf dem Boden ausbreitete. Nachdem sie sich selbst ein weiches Lager in der Rindenhütte bereitet hatte, ging sie durch den Regen zu der Höhlung in einem Felsen, wo der Bruder schlafen wollte, und legte auch dort Farnblätter aus, und während sie dies tat, sprach sie leise gegen die Augen ihres Bruders hin einen Zauberspruch. »Hi-waa!« flüsterte sie, so sanft, daß er es nicht hören konnte. »Dein Schlaf sei schwer und fest. Hi-wa-aa-hi-waa!«

Als Makikirèn zu seinem Lager am Felsen ging, fielen ihm schon fast die Augen zu, und sobald sein Atem gleichmäßig und schwer ging, schlich sich Ishanihura aus ihrer Rindenhütte zu ihm hinüber, beugte sich über ihn und flüsterte ihm zu:

»Älterer Bruder, hier unter dem Felsen wirst du naß werden. Du kannst hier nicht schlafen. In meiner Hütte ist Platz genug. Komm zu mir, du bist dann näher am Feuer. Es ist wärmer dort.«

»Nein«, antwortete er schlaftrunken, »geh du nur in die Hütte. Ich schlafe hier.«

Ishanihura sagte nichts mehr. Sie wartete, bis das Feuer ganz niedergebrannt war und kein Licht mehr gab. Dann schlich sie sich noch einmal zu Makikirèns Lager. Mit tiefer Stimme sagte sie:

»Laß mich hier schlafen. Es regnet in meiner Hütte.«

Der Zauberspruch, den sie zuvor gemurmelt hatte, hielt ihren Bruder in tiefem Schlaf und ließ ihn willenlos alles tun, was sie sich wünschte.

Er rollte sich auf die Seite, so daß auch sie Platz fand auf dem Lager aus Farnblättern. Eine Weile lag sie regungslos neben ihm. Draußen war nur die Dunkelheit und das Geräusch des Regens, und hier war nur die Wärme ihrer beiden Körper.

Als Makikirèn die Arme einer Frau um seinen Leib spürte, begann er zu träumen. Im Traum sah er das Himmelsmädchen, das seine Geliebte war, an der Himmelsstange zur Erde herabgleiten, um mit ihm in dieser Nacht im Wald zu schlafen.

Und so kam es, daß sich Makikirèn immer tiefer verlor in seinen Traum, während Ishanihura mit ihrer Lust allein, hellwach, stark und lebendig war in dem nächtlichen Wald und in einer Welt, die von Dunkelheit und Schlaf erfüllt war und über die der Regen sich ausschüttete. Wieder und wieder verstand sie es so einzurichten, daß die Schlange aus Makikirèns Leib mächtig aufwuchs und züngelte, und der Blitzstrahl der Schlange ihren Leib traf. Unersättlich war Ishanihura in ihrer Freude und ihrer Lust, und jedesmal, wenn der Blitzstrahl sie durchzuckte, spottete sie dem Himmelsmädchen, das dieses Vergnügen vor ihr genossen haben mochte, und freute sich, daß in dieser Regennacht der Bruder nur ihr allein gehörte.

Als es hell wurde, hörte der Regen auf. Makikirèn erwachte und entdeckte, daß er in den Armen einer Frau lag. Es hatte ihm geträumt, er läge auf dem Himmelsboden bei dem Himmelsmädchen. Nun erhob er sich, betrachtete die Frau und sah, daß es seine Schwester war, mit der er geschlafen hatte.

Er starrte sie fassungslos an, erinnerte sich an alles, was in dieser Nacht geschehen war, und Angst überkam ihn. Böses würde erwachsen aus dieser Nacht, das wußte er nur zu gut. Was sollte er tun? Im ersten Schreck wollte er fortrennen, aber er besann sich eines Besseren. Er beugte sich nieder und flüsterte gegen die Augenlider der Schlafenden hin:

»Hi-waa! Schlaf lange und erwache langsam! Hi-waaa!«

Dann schlüpfte er aus der Höhlung im Felsen und suchte draußen, bis er ein Stück altes Erlenholz fand, das, von Zweigen geschützt, trocken geblieben war. Es war ein mittelgroßer Stamm, aber schon so alt, daß er leicht und weich war. Er preßte den Stamm an sich, bis er etwas von der Wärme seines Körpers angenommen hatte, trug ihn dann zu der Höhlung und legte ihn Ishanihura in die Arme.

Wieder draußen im Wald, dachte er nach. Er erinnerte sich, daß seine Schwester zu jenen Menschen gehört, von denen man sagt, daß sie ihr Herz an der Ferse tragen, womit gemeint ist, daß bei solchen Menschen selbst eine kleine Wunde zwischen Knöchel und Ferse tödliche Folgen hat. Sollte er sie töten, während sie schlief? Niemand würde etwas davon erfahren. Mit ihrem Tod würde auch das Böse sterben, das in dieser Nacht geschehen war. Aber dann brachte er diesen Mord doch nicht übers Herz, denn er sagte sich, was immer auch an Bösem geschehen ist, sie muß mich sehr geliebt haben. Also ging er eilig fort, zurück gegen Osten zu dem erdgedeckten Haus, in dem seine Eltern und seine Brüder lebten.

Es war noch nicht Mittag, da hörte der Vater draußen Schritte, die ihm bekannt vorkamen. Er trat aus dem Haus, und vor ihm stand Makikirèn.

»Wo ist deine Schwester?«

»Dort im Wald, wo wir gerastet haben. Sie wird auch heimkommen. Ich habe sie dort zurückgelassen, wo wir übernachteten.«

»Aber... warum?«

»Sie liebt mich, wie eine Frau einen Mann liebt... heute nacht in der Dunkelheit hat sie das Lager mit mir geteilt. Ich konnte nicht aufwachen. Ich habe geträumt... mir träumte, es sei jemand anderes. Und dann war es hell, und ich ging fort, ich rannte fort...«

»Ach!« Der Vater sah aus wie ein sehr alter Mann. Er setzte sich auf einen Stein.

»Ich habe Angst!« sagte Makikirèn. »Ich weiß nicht, was sie jetzt tun wird.«

»Sie hat keinen Verstand. Großes Unglück wird über uns kommen.«

»Was können wir tun, Vater?«

»Ich weiß es nicht. Ich weiß nur, daß ich euch alle von hier fortbringen muß ... fort von ihr.« Die Mutter war aus dem Haus gekommen, und er wandte sich an sie: »Bist du anderer Meinung, mein Weib? Du kennst die Gebote?«

»Ich kenne die Gebote.« Die Mutter bedeckte ihr Gesicht mit den Händen.

»Dann ist es entschieden. Aber wohin sollen wir gehen?«

»Ich werde euch hinauf in den Himmel führen«, sagte Makikirèn. Die Kinder hatten sich nun um die Mutter geschart und riefen:

»O ja, laßt uns aufbrechen. Unser älterer Bruder soll uns in den Himmel führen.«

»Kommt mit mir in den Himmel«, wiederholte Makikirèn. »Dort sind wir sicher, und die Himmelsleute werden uns bei sich wohnen lassen.«

Sein Vater sprach: »Wir werden hinauf in den Himmel wandern, sobald wir hier mit allem ein Ende gemacht haben.« Ohne ein weiteres Wort rissen der Vater und seine neun Söhne das Haus der Familie, das Männerhaus und Ishanihuras kleines Haus ein und legten Feuer an ihre ganze Habe.

Ishanihura schlief unterdessen weiter und weiter in der Höhlung im Felsen. Als der Zauber schließlich seine Kraft verlor, lag sie halb schlafend, halb wachend da und dachte daran, was in der letzten Nacht geschehen war. Sie glaubte fest, daß Makikirèn sie liebe. In ihrer Schlaftrunkenheit meinte sie, seine Arme um ihre

Schultern zu spüren, und sie bildete sich auch ein, es sei sein Körper, der da so schwer auf ihr liege. Sie streckte sich, und etwas Schweres rollte zur Seite. Sie schlug die Augen auf. Da sah sie, daß sie den gegabelten Stamm eines Baumes in den Armen gehalten hatte. Sie sprang auf und rief »O-O-O!« Weinend lief sie zu der Feuerstelle, und dort zerzauste sie sich ihr Haar und begann einen seltsamen Tanz, bei dem sie schrie:

»O-O! Ich werde dich töten ... ich werde dich töten! Ich lasse mich nicht betrügen. Ich werde dich töten ... dich töten ... töten.« Sie sah die frischen Fußspuren, die von dem Feuer nach Osten führten. »Ah, du willst deine Brüder warnen«, schrie sie wieder, »aber ich werde dich finden.« Und weinend und rufend, lief sie den Pfad zurück, auf dem sie am letzten Tag gegen Westen gezogen waren.

Auf der Lichtung im Osten rief Makikirèn seinen Verwandten zu: »Kommt. Es bleibt uns nicht mehr viel Zeit. Ich höre in der Ferne die Schritte meiner Schwester, und sie ruft nach mir. Wir wollen rasch fortgehen.« Makikirèn führte den Zug an, und als letzter ging sein Vater, der ihre Fußspuren verwischte, damit niemand sehen konnte, wohin sie gingen. Makikirèn führte sie zu der Himmelsstange. Mächtig und gerade stand sie unter den Bäumen unterhalb des Teiches.

»Laßt mich zuerst hinaufklettern, aber bleibt dicht hinter mir«, sagte er, »und ihr dürft nicht nach unten sehen, sonst werdet ihr schwindlig und stürzt ab. Blickt hinauf zum Himmelsboden, und es wird euch nichts geschehen. Fertig?«

»Ja, ja. Klettern wir in den Himmel!« Die Jungen waren ungeduldig.

»Komm du als nächste hinter mir, Mutter. Setze deine Füße dorthin, wo auch ich meine Füße hingesetzt habe. Und ihr Jungen und du Vater, macht es ebenso, dann werden wir bald im Himmel sein.«

Makikirèn begann zu klettern, langsam und vorsichtig. Seine Mutter folgte nach. Sie hielt sich dort fest, wo auch er sich festgehalten hatte. Und hinter ihr kamen die übrigen acht Söhne und zum Schluß der Vater. Der Himmelsboden war nicht mehr weit, und Makikirèn konnte schon die Öffnung im Himmel sehen, als das Geräusch, das rennende Fußsohlen machen, unter ihnen näher kam. Ishanihura war heimgekommen.

Sie hielt inne vor den verkohlten Trümmern der drei Hütten. Die Bäume, rund um die Quelle, brannten, und das Feuer breitete sich gegen den Teich hin aus.

Während ihres Heimwegs hatte Ishanihura Zorn und Haß empfunden, aber nun, da sie auf die Trümmer starrte, überkam sie Angst und Schrecken. Wo waren Vater, Mutter und ihre Brüder? Wohin konnten sie gegangen sein? Nicht eine Fußspur ließ sich entdecken. Waren sie im Feuer umgekommen? Sie nahm einen Stecken und stocherte in der Asche herum, und als die Funken flogen, verfolgte sie deren Weg durch die Luft. Sie stellte sich auf die Zehenspitzen, und da sah sie die Himmelsstange, wie sie gewaltig und gerade von der Erde in den Himmel ragte, und weit, weit oben an dem Mast sah sie Menschen klettern. Sie erkannte diese Menschen. Sie zählte; elf waren es, und eine Frau war darunter, ihre Mutter.

Das Feuer brannte rings um die Himmelsstange, so daß sich Ishanihura nicht dorthin wagte. Sie stand dicht bei den Flammen und rief ihrer Familie zu:

»O mein Vater – verlaß mich nicht. Ihr, meine kleinen Brüder, kommt doch zurück! Ich will mit dir kommen, älterer Bruder. Wartet auf mich! Wartet!«

Weit oben an der Stange sagte Makikirèn wieder und wieder: »Hört nicht auf sie ... schaut nicht hinab. Wir haben es bald geschafft. Gleich sind wir in Sicherheit.«

Aber Ishanihuras Stimme drang wieder an das Ohr ihrer Mutter:

»O meine Mutter! Warum verläßt auch du mich?«

»Du hast recht, mein Kind, meine einzige Tochter, was tue ich da. Wie kann ich dich allein lassen?«

Dies sprach die Mutter, und sie sah herab zu Ishanihura. Mitleid überkam sie, und sie hörte nicht auf hinunterzuschauen, und schließlich vergaß sie sich festzuhalten, glitt aus und fiel. Im Fall riß sie ihren Mann und ihre acht Söhne mit. Makikirèn aber hatte unterdessen den Himmelsboden erreicht. Er wandte sich um und wollte der Mutter die Hand hinstrecken. Aber da war niemand. Doch unten, mitten im Feuer, sah er seine Brüder, seinen Vater und seine Mutter, und um den Flammenkreis tanzte schreiend seine Schwester.

Makikirèn wandte sich ab und lief in die Himmelswelt hinein mit Trauer und Bitternis im Herzen.

»Die Alten hatten recht«, sagte er zu sich, »ich hätte sie gleich zu Anfang töten sollen!«

Ishanihura umkreiste das Feuer und tanzte ihren seltsamen steifen Tanz. Wieder und wieder rief sie dabei im Rhythmus des Tanzes ihren Namen:

»Ishanihura! Ishanihura! I-shan-i-hu-ra!«

Das Feuer brannte nieder, und sie fand die verkohlten Leichen ihrer Familie – alle außer Makikirèn. Sie stocherte und scharrte in der Asche, bis sie ganz sicher war, daß er nicht mit verbrannt war. Dann nahm sie die Herzen ihrer Eltern und ihrer Brüder und fädelte sie wie Perlen auf eine Schnur und hängte sich diesen Schmuck um den Hals.

Das Feuer war ausgebrannt, und Ishanihura sah sich um. Wo einst Bäume und Häuser und ein Teich gewesen waren, sah man nun nur noch Öde und Leere. »Was soll ich tun? Wohin soll ich gehen?« murmelte sie, und nach einer Weile fiel ihr die Antwort ein: »Ich muß nach Norden gehen. Makikirèn wird im Norden sein. Ich werde ihn suchen, bis ich ihn finde. Und dann werde ich auch ihm das Herz nehmen!«

Und Ishanihura, mit ihrer Kette aus Herzen um den Hals, wanderte nach Norden.

Viele Winter kamen und gingen. Makikirèn heiratete sein Himmelsmädchen und kam mit ihm auf die Erde zurück, wo sie sich nahe einem See weit im Osten seiner alten Heimat ein Haus bauten. Sie hatten zwei Söhne, und sie waren eine glückliche Familie.

Von Zeit zu Zeit ging Makikirèn nach Norden, um zu jagen oder um nach Schätzen zu suchen. Manchmal hörte er in den Wäldern einen seltsamen, unheimlichen Schrei. Die Leute sagten, das sei die Taucherfrau, die einmal auf diesem, einmal auf jenem See lebe. Ein Fischer wollte sie gesehen haben. Er sagte, sie sei dünn und habe den Blick einer Wahnsinnigen, und um den Hals trage sie eine Kette mit Herzen. Die Leute hatten Angst vor ihr, und die meisten liefen fort, ehe sie nahe herankommen und mit ihnen sprechen konnte. Makikirèn dachte über sie nach – dieser Schrei kam ihm vertraut vor.

Am Abend eines Frühlingstages kamen Makikirèns Söhne heimgelaufen. Sie schienen verängstigt, und der Vater befragte den Älteren, was geschehen sei. Sie hatten am Ufer des Sees gespielt, halb verborgen vom Schilf, das dort wuchs. Die Taucherfrau war aus dem Wald gekommen und zu einem sandigen Stück des Strandes gelaufen. Um den Hals trug sie eine Kette, die auf und nieder tanzte, während sie sich bewegte. Sie setzte sich dort nieder, wo sie ihr Spiegelbild im Wasser sehen konnte. Dann drehte sie den Kopf, schlug mit den Armen und begann mit schriller Stimme zu singen. Die Jungen hatten nicht verstanden, was sie da sang, aber sie sagten, es habe geklungen wie »I-shani ...«

»Was hat sie noch gesagt?« fragte Makikirèn seine Söhne.

»Als sie sah, daß wir sie beobachteten, hörte sie auf zu singen und starrte vor sich hin, und dann sagte sie ›A-ah-h‹ und ›Ihr seid Makikirèns Söhne‹. ›Ja, das sind wir, aber woher weißt du das?‹ ›Weil ich eure Tante bin und ich euren Vater seit langer, langer Zeit suche. Bringt mich zu eurem Vater‹, schrie sie. Da bekamen wir es mit der Angst zu tun und rannten fort. Sie versuchte, uns zu fangen, aber wir entwischten ihr. Wir haben Angst vor ihr. Sag, Vater, warum hat sie gesagt, sie sei unsere Tante. Ist sie wirklich unsere Tante?«

»Ich weiß es nicht«, antwortete Makikirèn, »aber ihr habt ganz recht getan. Bleibt hier daheim bei eurer Mutter, bis ich die Taucherfrau gefunden habe.«

Makikirèn ging kurz vor Tagesanbruch zum See. Er verbarg sich im Schilf an einer Stelle, von der aus er das Ufer des Sees überschauen konnte. Als die Sonne aufging, kam die Taucherfrau von ihrem Schlafplatz im Wald an den See. Sie sah sich um und horchte, aber sie hörte nichts, und nichts regte sich, sie schien allein zu sein. Makikirèn sah, wie sie mit ihrem steifen Tanz begann und dabei die Kette durch die Finger gleiten ließ. Er konnte sie genau beobachten, und er war sich sicher, daß es seine Schwester Ishanihura war und daß sie an ihrer Kette die Herzen seines Vaters, seiner Mutter und seiner Brüder trug. Makikirèn erhob seinen Bogen und zielte. In diesem Augenblick erkannte Ishanihura den Bruder und hob die Hand, aber es war zu spät. Der Pfeil traf sie zwischen Fußknöchel und Ferse, sie stürzte vornüber ins Wasser, und als sie wieder an die Oberfläche kam, war sie tot. Makikirèn zog die Leiche an Land, da kamen die beiden Söhne angelaufen. »Habe ich euch nicht gesagt, ihr sollt zu Hause auf mich warten?«

»Unsere Mutter hat gesagt, wir dürften jetzt gehen. Sie meinte, wir könnten dir vielleicht helfen.«

»Wenn sie es gesagt hat, dann dürft ihr mir helfen.«

»Das ist die Frau, die wir sahen.«

»Ihr habt sie gut beschrieben.«

»Ist sie eine Taucherfrau?«

»Ja.«

»Und war sie unsere Tante?«

»Sie war meine Schwester.«

»Warum hast du sie getötet?«

»Weil sie Böses tat und wieder getan hätte. Ich werde euch davon erzählen, wenn ihr alt genug seid, um im Männerhaus zu schlafen.«

»Was ist das für eine häßliche Kette, die sie trägt? Die Perlen sehen aus wie getrocknete Herzen!«

»Es sind getrocknete Herzen.« Makikirèn zählte sie. Es waren zehn. Er nahm die Kette und umwickelte sie sorgfältig mit sauberer Borke.

»Sollten wir nicht unsere Tante begraben?«

»Ja, auf der Stelle hier im Wald.«

Die Knaben halfen, Ishanihuras Leiche weit in den Wald hinein zu tragen, und dort, wo niemand hinkommt, wenn er Beeren und Samen sammelt, brachten sie sie unter die Erde. Als dies getan war, begrub Makikirèn die Herzen auf dem kleinen Friedhof neben seinem Haus, wo auch er und seine Frau einmal ruhen würden. Er führte für sich und die Knaben das Reinigungsritual durch, und danach blieb er lange im Schwitzhaus und betete. Und während dieser Zeit des Gebets bestimmte Makikirèn, daß der Tauchervogel seine Kinder und Kindeskinder immer an die Taucherfrau erinnern sollte.

Und deswegen schießen noch heute die Jäger den Taucher, wenn sie ihn bei seinem verrückten Tanz überraschen und seinen wahnsinnigen Schrei hören. Sie denken an Ishanihura und schützen ihr Volk vor dem Bösen, wie es Makikirèns Wille war.

Gold für Gold

Einst lebten ein Mann und eine Frau. Sie hatten einen einzigen Sohn namens Mohammed. Als er erwachsen wurde, wollte er sein Dorf verlassen. Aber seine Eltern sagten zu ihm: »Du bist unser einziger Sohn. Wir sind reich. Wir haben drei Wasserschöpfräder und viele Sklaven, die die Felder bestellen. Verlasse uns nicht!« Doch der Sohn bestand auf seinem Wunsch und ging in die Fremde, um selbst zu arbeiten. Jedes Jahr kam er nach Haus auf Besuch und brachte seinen Eltern einen Sack voll Geld mit. Einmal brachte er noch viel mehr Geld mit als in den anderen Jahren und heiratete eine Frau aus seinem Dorf. Dann fuhr er wieder weg und ließ die Frau daheim. Bald darauf starb sein Vater, und seine Mutter lebte allein in dem Haus. Der Sohn brachte ihr weiterhin jedes Jahr im Urlaub einen Sack voll Geld. Seine Mutter aber hortete das Geld in irdenen Wasserkrügen. Im Lauf der Zeit hatte sie schon sieben mit Geld gefüllte Wasserkrüge in einem Raum ihres Hauses vergraben.

Eines Tages fühlte sich die Mutter sehr schwach und krank. Sie rief die Ehefrau ihres Sohnes und sagte zu ihr: »Du bist meine Tochter, denn dein Mann ist mein Sohn. Ich habe sonst niemanden auf der Welt. Ich werde dir viel Geld hinterlassen, sieben mit Geld gefüllte Wasserkrüge sind in der Ecke dort vergraben. Wenn ich gestorben bin und mein Sohn wiederkommt, dann gib ihm dieses Geld.«

Kurz darauf starb die Mutter. Ihre Schwiegertochter befreundete sich mit einem Fremden, der im Dorf lebte. Sie lud ihn zu sich zum Essen ein, und er wurde ihr Liebhaber.

Eines Tages kam ihr Mann in das Dorf zurück. Er sah, daß seine Wasserschöpfräder in Betrieb waren, wußte so, daß seine Frau mit allem Notwendigen versorgt war. »Wie ist meine Mutter gestorben? Hat sie dir vor ihrem Tod noch etwas gesagt?« wollte er von seiner Frau wissen. »Deine Mutter ist ganz plötzlich gestorben. Als ich ihr an einem Morgen den Tee bringen wollte, fand ich sie leblos am Boden liegen«, lautete die Antwort.

Mohammed war sehr ungehalten, weil er nichts Näheres über den Tod seiner Mutter erfahren konnte, ließ sich aber nichts anmerken. Sein Urlaub im Heimatdorf verging schnell. Einige Tage vor seiner Abreise ging er auf seinen Feldern beim Wasserschöpfrad spazieren. Unterwegs kam er an einer Strohhütte vorbei, vor der eine alte Frau saß. Er begrüßte die Alte. Sie bat ihn einzutreten und sagte zu ihm: »Du bist reich und doch bist du vergrämt, das ist nicht normal. Falls du dich wegen des Ablebens deiner Mutter so verändert hast, so ist das nicht richtig, denn ein jeder von uns wird auch sterben.« – »Liebe Tante«, erwiderte Mohammed, »ich bin verärgert, da mich niemand vom Tod meiner Mutter verständigt hat. Ferner hat mir meine Frau gesagt, daß meine Mutter plötzlich gestorben ist. In den letzten Jahren habe ich meiner Mutter regelmäßig Geld gegeben und weiß, daß sie fast das ganze Geld irgendwo vergraben hat. Nun behauptet meine Frau, daß meine Mutter mit ihr nie über das Geld gesprochen hätte.«

»So«, sagte die alte Frau, »ich werde dir einen Rat erteilen. Geh zu deiner Frau und frage sie, wer beim Begräbnis deines Vaters und deiner Mutter die Verantwortung für das Haus übernommen hat, ob dies dein Vetter väterlicher- oder mütterlicherseits war. Wenn deine Frau antwortet, daß es gar kein Verwandter war, dann fahre fort: Dieser Mann hat sehr viel für uns getan und wir müssen ihn unbedingt zum Essen einladen. Deine Frau soll einen großen Topf mit Dattelschnaps bereiten. Wenn du dann mit deiner Frau so gesprochen hast, der Dattelschnaps fertig ist und die Einladung stattfinden soll, dann komm zu mir, und ich werde dir weitere Anweisungen erteilen.«

Mohammed tat, wie es ihm die alte Frau geraten hatte. Schon in der nächsten Nacht fragte er seine Frau, wer die Trauerfeierlichkeiten geleitet habe. »War es der Sohn meines Vaterbruders oder der Sohn meines Mutterbruders?« fragte er. Seine Frau aber spuckte nur aus und sagte: »Keiner deiner Verwandten hat uns geholfen. Ein ganz Fremder stand uns in deiner Abwesenheit bei!« – »Dann müssen wir dem Fremden unsere Dankbarkeit bezeugen. Bereite einen guten Dattelschnaps, und wenn es soweit ist, werden wir ihn zu uns einladen.«

Die Frau nahm einen Krug, reinigte ihn mit Wasser, räucherte ihn mit Weihrauch aus, wusch die Datteln und übergoß sie mit Wasser; kurz, sie tat alles, um den Dattelschnaps möglichst gut zu machen. Als der Dattelschnaps fertig und die Einladung ausgesprochen war, ging Mohammed zu der alten Frau. Er traf sie in ihrer Strohhütte an, und sie gab ihm folgenden Rat: »Sobald du deine Frau siehst, sage ihr, daß du die

Schöpfräder und das Land deines Vaters sowie all dein Eigentum hier im Dorf verkaufen willst, um für immer in die Stadt zu ziehen, in der du arbeitest. Dann schlachte einen Hammel und sage dabei, daß ihr am Tag nach der Bewirtung des Fremden verreisen werdet. Wenn du das Hammelfleisch reinigst, verstecke ein Stück Darm, blase es auf und binde es dir um deinen Leib. Wenn der Gast gegessen hat, trinkst du noch etwas von dem Dattelschnaps, sage dann, daß du am nächsten Tag verreisen wirst und daß du dich nun zurückziehst, um am nächsten Tag ausgeschlafen zu sein. In Wirklichkeit stellst du dich nur schlafend. Deine Frau und der Fremde werden weiter essen und trinken und miteinander reden. Du wirst aber weiterhin so tun, als ob du schlafen würdest, du wirst dich im Schlafe wälzen und dabei auf den Hammeldarm drükken, so daß er Furzlaute von sich gibt. Deine Frau und der Fremde werden nun ganz sicher sein, daß du tief schläfst. Sie werden alles für sie Wichtige miteinander besprechen und du wirst hören können, was sie einander zu sagen haben.«

Mohammed befolgte die Anweisungen der alten Frau und tat alles, wie sie es ihm geraten hatte. Er schlachtete den Hammel und bereitete alles vor, was für die Einladung notwendig war. Am Abend der Einladung zog er sich früh zurück, da er am frühen Morgen verreisen müsse, und der Gast sagte: »Aber bitte, lege dich doch schlafen!«

Mohammed legte sich hin, schnarchte und furzte mit dem Hammeldarm. Darauf sagte seine Frau zu dem Fremden: »Kannst du hören, wie er furzt, dieser Sodomit! Ich kann ihn deshalb nicht ausstehen.« Mohammed preßte nun den Hammeldarm noch stärker, und seine Frau rief: »Dieser impotente Mann wird das Eigentum seines Vaters verkaufen. Morgen mußt du zum Kaufmann gehen und Geld leihen. Mit diesem Geld kommst du dann zur Versteigerung und sagst zu meinem Mann: ›Warum verkaufst du das Land deines Vaters und verläßt unser Dorf? Das ist doch eine Schande!‹ Besteht mein Mann aber auf dem Verkauf, dann mußt du es sein, der alles kauft. Du bietest einfach immer mehr als die anderen, gleich, welchen Preis du dafür zahlen mußt. Seine Mutter hat mir im Sterben gesagt, daß in einem Raum dieses Hauses sieben Krüge mit Geld vergraben sind. Morgen werden wir dieses Geld haben.« In diesem Augenblick war ein lauter Furz zu hören.

Nach einiger Zeit tat Mohammed, als ob er aus tiefem Schlaf erwache. »Hoffentlich habe ich nichts Schamhaftes im Schlaf getan?« fragte er seinen Gast. »Du hast tief geschlafen und nichts Schamhaftes getan«, erwiderte der Fremde. Da Mohammed nun alles wußte, was er wissen wollte, setzte er sich zu seinem Gast und zu seiner Frau, aß und trank und unterhielt sich bestens bis zum frühen Morgen. Im Morgengrauen, während seine Frau noch schlief, beauftragte er seine Sklaven, statt auf den Feldern zu arbeiten, Holz zu bringen, Holzkohle daraus zu brennen, die Krüge in dem einen Raum auszugraben und sie – nachdem er das Geld an sich genommen hatte – mit dieser Holzkohle zu füllen und an der gleichen Stelle zu vergraben.

Dann fand die Versteigerung statt. Mohammed läutete die Glocke und rief, daß er sein ganzes Eigentum versteigern lassen wolle. Die Leute meinten zwar, daß es eine Schande sei, das väterliche Erbe zu verkaufen: »Unser Land ist doch das beste auf dieser Welt, wohin willst du ziehen?« Doch Mohammed erwiderte: »Ich habe beschlossen, es so zu tun und möchte weiter nicht darüber sprechen! Wenn jemand etwas kaufen will, so soll er es kaufen!«

So fand die Versteigerung statt. Der eine überbot den anderen, und als der Preis auf dreitausend Pfund geklettert war, sagte der Fremde: »Ich habe dir seinerzeit geholfen und gedient, und deshalb sollst du mir dein Eigentum verkaufen!« – »So sehe ich es auch«, antwortete Mohammed, »mein Eigentum verkaufe ich lieber an dich als an einen anderen, und deshalb biete ich es dir für nur zweitausendfünfhundert Pfund an!« Der Fremde zahlte die verlangte Summe, Mohammed aber rüstete sich schon für die Abreise und fragte seine Frau, ob sie auch schon reisefertig sei?

Die Frau aber antwortete: »Ich verreise nicht mit dir! Ich habe hier mein Leben lang gelebt. Dein Vater und deine Mutter waren hier, und dies ist das beste Land, das es auf Erden gibt! Warum soll ich an einen fremden Ort gehen?« – »Wenn du keine Ansprüche an mich stellst, werde ich mich von dir scheiden lassen«, antwortete Mohammed, und als seine Frau damit einverstanden war, rief er einige Zeugen und sprach die Scheidung aus. Mit seinem Geld und seinen Sklaven verließ er dann sein Heimatdorf.

Nach Mohammeds Abreise heiratete der Fremde dessen Frau. Eine Woche darauf sagte sie: »Wir sollten etwas Geld aus einem Tonkrug nehmen, um die Schuld dem Kaufmann zu bezahlen.« Sie gruben in der Ecke des einen Raumes, aber sie fanden in den Krügen nur Holzkohle vor. Der Mann wurde wütend auf seine Frau und verprügelte sie. »Du hast mich hintergangen und überlistet«, schrie er. »Diesen Mohammed, der mein Geld gestohlen hat, werde ich suchen und finden!«

Da der Kaufmann sein Geld nicht zurückbekam, nahm er statt des Geldes die Wasserschöpfräder, die Felder und das Haus.

Indessen war Mohammed in einem anderen Land angekommen. Er stellte sich dort mitten auf den Marktplatz und rief aus: »Wer will mein Gold für Gold kaufen?« Die Vorbeigehenden wunderten sich, was dies bedeute, denn wie kann man Gold für Gold kaufen? Nach einiger Zeit kam ein Mann auf Mohammed zu und sagte zu ihm: »Ich will Gold für Gold kaufen« und führte Mohammed in sein Haus. Der Mann öffnete eine Tür, betrat ein Zimmer, dann öffnete er wieder eine Tür und betrat das nächste Zimmer. Und das wiederholte sich so oft, bis sie schließlich nach der siebten Tür im siebten Zimmer angekommen waren. Mitten in diesem Zimmer saß ein wunderschönes Mädchen. Der Mann deutete auf das Mädchen und sagte: »Das ist mein Gold.« Mohammed war zufrieden und antwortete: »Es ist genauso, wie ich gesagt habe: Gold für Gold.« Er gab dem Mann sein ganzes Gold und heiratete das Mädchen. Nach einigen Wochen begab er sich auf eine Reise.

Mohammeds frühere Frau und ihr Mann suchten inzwischen überall nach ihm. Schließlich kamen sie in eine Stadt, in der sie erfuhren, daß Mohammed hier geheiratet hatte und inzwischen verreist war. Der

Mann ging in das Haus, in dem Mohammed geheiratet hatte, und weil er sich als Verwandter Mohammeds ausgab, wurde er als Gast aufgenommen und verbrachte dort drei Tage. Am dritten Tag sagte er: »Nun möchte ich auch Mohammeds Frau begrüßen.« Vor seiner Abreise hatte Mohammed seiner jungen Frau die ganze Geschichte erzählt, und sie wußte sofort, daß dies der Feind ihres Mannes sei, an dem sie sich rächen müsse. Als der Fremde sein Verlangen nach ihr gestand, entfernte sie sich unter einem Vorwand kurz aus dem Raum und versteckte ein Messer und einen Behälter mit flüssiger Butter in ihren Gewändern. Der Mann wurde immer zudringlicher, und als er seinen Penis herausnahm – schwupp – schnitt sie ihm den Penis ab. Der Mann wurde ohnmächtig, aber geschickt goß die junge Frau Butter auf die Wunde, die dann schnell heilte – der Penis aber war weg. Die Eltern des Mädchens dachten, der Verwandte des Mannes ihrer Tochter sei krank, und pflegten ihn. »Jetzt wird Mohammed bald zurückkommen«, sagte die junge Frau eines Tages zu ihm. »Wenn er zurückkommt, wird er mir den Kopf abschneiden«, rief der Fremde ängstlich aus und bat um Erlaubnis, das Haus verlassen zu dürfen. »In eurem Dorf hast du die Ehe von Mohammed zerstört, bist du hierher gekommen, um auch die Verbindung zwischen mir und meinem Mann zu zerstören?« Der Fremde gab keine Antwort auf diese Frage, sondern bat inständig, verreisen zu dürfen.

Wie es so ist, die Wege von Mohammed und dem Fremden kreuzten sich. Der Fremde erkannte seinen Gegenspieler zuerst, packte ihn an der Gurgel und schrie: »Gib mir mein Geld zurück! Ich will weder deine Wasserräder noch deine Ländereien noch dein Haus!« – »Du hast sie aus freiem Entschluß gekauft, ich habe sie dir sogar verbilligt abgetreten!« hält ihm Mohammed entgegen, und da sie sich nicht einigen konnten, gingen sie zu einem Richter.

Als Mohammeds Reisegefährten in der Stadt ankamen, fragte Mohammeds Schwiegervater nach ihm. »Unterwegs hatte er Streit mit einem Fremden. Schließlich gingen beide zu einem Richter. Wir blieben einige Tage bei ihm, aber wir konnten nicht länger warten und mußten weiterreisen«, erzählten die Reisegefährten.

Als Mohammeds Frau diese Nachricht hörte, kaufte sie sich am Markt die Uniform eines Leutnants und Soldatenuniformen für ihre Sklaven. Wie ein Offizier mit seinen Soldaten bestieg sie ein Schiff und fuhr zu dem Richter. Als sie den Gerichtsplatz betraten, erschraken alle Anwesenden sehr. »Woher kommt denn dieser Offizier mit seinen Soldaten?« fragten sie sich. Der Richter unterbrach die Verhandlung, lud den Offizier und dessen Mannschaft in sein Haus ein und bat ihn, doch am nächsten Tag wiederzukommen, um den Richterspruch in einer komplizierten Angelegenheit zu hören. Am nächsten Tag fragten die Soldaten, warum ihr Offizier nicht an der Verhandlung teilnehme und so das Problem zu lösen helfe. Doch der Offizier antwortete: »Ich kenne die Einzelheiten des Falles nicht.« Er wurde nun darüber unterrichtet, wie der eine der Männer das Land des anderen gekauft hätte und jetzt nach vielen Jahren diesen Kauf wieder rückgängig machen wolle. »Gut so«, sagte nun der Offizier, »ich habe diese Angelegenheit verstanden und auch die Lösung gefunden! Aber zuvor muß ich euch allen eine Frage stellen: hat ein Sklave Anspruch auf das Eigentum seines Herrn?« – »Nein!« antworteten die Leute. »Ihr müßt nämlich wissen, daß der Kläger der Sklave des Beklagten ist.« Darüber waren die Leute sehr erstaunt und riefen: »Wieso kannst du behaupten, daß ein hellhäutiger Mann ein Sklave sein kann?« Der Offizier antwortete aber: »Der Beklagte ist ein Sklave eines Verwandten von mir, und wir markieren unsere Sklaven. Wenn wir einen Mann mit dieser Marke finden, dann wissen wir ganz genau, daß dies unser Sklave ist.« – »Wie ist eure Marke?« wollten die Leute wissen. »Wir schneiden unseren Sklaven den Penis ab.« Als die Soldaten diese Worte hörten, ergriffen sie den Kläger und stellten fest, daß er als Sklave markiert war. Mit Gewehrkolbenstößen trieben sie nun den Sklaven auf das Schiff und fuhren in ihre Stadt zurück. Zu Hause angelangt, zog die Frau die Uniform des Offiziers aus und fragte den Fremden: »Kennst du mich jetzt wieder?« Dann fuhr sie fort: »Ich ließ dich laufen, denn du hast mir versprochen, meinen Mann nie mehr zu belästigen. Du aber hast dein Wort gebrochen und meinen Mann angeklagt. Ich werde dich hier gefangen halten, und wenn Mohammed zurückkommt, wirst du verbrannt, deine Asche gemahlen und im Wind verstreut werden.« – »Ich habe schlecht gehandelt, aber laß mich am Leben«, flehte der Fremde, »ich werde euch nie wieder belangen!« Die Frau ließ ihn gehen.

Etwas später kam Mohammed zurück. »Warum warst du so lange fort?« fragte ihn seine Frau. »Ein Mann hat mir große Schwierigkeiten bereitet«, sagte

Mohammed und erzählte die ganze Geschichte, wie er verklagt wurde und wie sein Kläger als Sklave von einem Offizier abgeführt wurde, und wie er nach diesem Richterspruch wieder zurückkehren konnte. Seine Ehefrau aber sagte nichts, sondern reichte ihm den abgeschnittenen Penis. Mohammed verstand blitzartig die ganze Geschichte und fragte, wie sie den Penis abgeschnitten hätte. Nun erzählte seine Frau ihre Geschichte. »So warst du der Offizier!« rief Mohammed aus, »du bist tatsächlich Gold, das ich für Gold bekommen habe.«

Laschín

Ob es wahr oder unwahr, das weiß ich nicht. Ein Khan überfiel die Kabardei und schlug sein Lager am Ufer des reißenden Flusses Baksan auf. Der Feind war sehr stark, so daß die Kabardiner nicht wagten, sich auf einen offenen Kampf einzulassen. Und auch der Khan beeilte sich nicht mit der Schlacht, sondern sandte dem kabardinischen Fürsten seine Botschafter.

»Unser Khan möchte ein Blutvergießen vermeiden«, sagten die Botschafter. »Sollen sich lieber zwei starke Männer, einer von uns und einer von euch, in einem Zweikampf messen. Wenn unser Mann siegt, müssen die Kabardiner dem Khan einen Tribut zahlen, den er selbst bestimmt. Siegt euer Mann, zieht der Khan mit seinem Heer ab.«

Der Fürst erbat sich eine Bedenkzeit von drei Tagen.

Er berief die Alten zum Rat. Die Weisen überlegten lange und beschlossen, den Vorschlag des Khans anzunehmen. Einst wurde im Kaukasus der Ausgang einer Schlacht oft mit einem Zweikampf entschieden.

Nun begann man zu überlegen, wer gegen den starken Mann des Khans antreten sollte; die Wahl fiel auf Kurgóko, den Sohn des alten Hatú.

Man ließ Kurgóko kommen. Er war aber prahlsüchtig und überheblich.

»Ich fürchte niemanden und vertraue meiner Kraft«, erklärte er.

»Wenn dem so ist, so halte dich in zwei Tagen zum

Zweikampf bereit«, sagte ihm der Fürst und sandte dem Khan seine Botschafter, damit sie ihm Bescheid gaben, daß der Zweikampf binnen zwei Tagen stattfinden würde.

Am selben Abend hörten die Kabardiner ein fürchterliches Brüllen im Lager des Khans.

Das war jedoch kein Tier, sondern der Ringer des Khans, ein Hüne von gewaltigem Wuchs und mit einem garstigen Gesicht.

Er war mit einer Kette an einen Pfahl gefesselt und wurde nur mit rohem Fleisch gefüttert.

Als Kurgóko das erfuhr, erschrak er. Nun bedauerte er sein prahlerisches Gehabe vor dem Fürsten. Kurgóko verließ sich nicht mehr auf seine Kraft und ging bekümmert zu seinem Vater.

Der alte Hatú begann, hin- und herzuüberlegen.

Da trat Kurgókos Frau in die Hütte. Sie hieß Laschín.

»Worüber sinnt ihr? Was betrübt euch so?«

»Schweig' und stelle keine Fragen!« antwortete Kurgóko. »Wenn wir nachdenken, so gibt es schwerwiegende Gründe dafür.«

»Was für welche? Vielleicht kann ich euch helfen?« Kurgóko lachte:

»Das ist nicht Weibersache – es geht um die Zukunft unseres Volkes. Du kümmer' dich um die Kinder, die Küche und die Kühe.«

Laschín war gekränkt, erwiderte kein Wort und ging in den Stall, um die Kühe zu melken.

Der alte Hatú hatte etwas auf dem Hof zu besorgen, folgte der Schwiegertochter und sah, daß eine Kuh störrisch war und sich nicht melken lassen wollte. Da erzürnte Laschín, packte sie mit einer Hand unterm Bauch und schleuderte sie über den Flechtzaun.

Hatú staunte über die reckenhafte Kraft seiner Schwiegertochter und eilte erfreut ins Haus zurück, denn ihm war ein guter Gedanke gekommen: Nun wußte er, wer seinem Sohn helfen konnte.

»Vater, sag, was ich tun soll. Morgen ist der Zweikampf, und ich fürchte, daß ich den feindlichen Hünen nicht bezwingen werde«, klagte Kurgóko.

»Gräm' dich nicht, mein Sohn!« antwortete Hatú. »Höre, was ich dir zu sagen habe. Aus einem fernen Aul ist ein junger Kabardiner zu uns gekommen, fast noch ein Knabe, aber sehr stark, er wird den Hünen des Khans zweifellos besiegen. Morgen früh kommt der Jüngling her. Stelle ihm keine Fragen und reite mit ihm in die Steppe zu der Stelle, wo der Kampf ausgetragen werden soll. Sobald sich der Hüne des Khans einfindet, mußt du sagen: Ist das denn ein Gegner? An dem will ich mir die Hände nicht schmutzig machen. Soll er erst versuchen, meinen jungen Gefährten zu besiegen. Nach diesen Worten weise auf deinen Gefährten.«

Derweil betrat Laschín wieder die Stube. Der Alte schickte den Sohn auf den Hof, damit er die Pferde mit Futter versorgte. Nun erzählte Hatú der Schwiegertochter, was ihnen für Unheil drohe.

»Du allein kannst unserer Not und der Not unseres Volkes abhelfen. Nur du kannst den Hünen des Khans bezwingen.«

»Ja«, antwortete Laschín, »ich fühle, daß ich die Kraft habe. Aber ich bin eine Frau, und nie wird das Volk zulassen ...«

»Du wirst Kurgókos alten Tscherkessenmantel anziehen und die Mütze tief ins Gesicht rücken. Wenn du in die Steppe reitest, sprich kein Wort mit Kurgóko und sage auch sonst niemandem, daß du eine Frau bist, jedenfalls so lange, bis ich an dich herantrete.«

»Ich werde tun, was du sagst«, sprach Laschín.

Am frühen Morgen erwachten Hatú und Kurgóko. Sie gingen auf den Hof hinaus, wo sie der junge Fremde bereits erwartete.

Kurgóko schwang sich aufs Pferd und ritt mit dem Fremden aufs Kampffeld.

Dort hatte sich schon viel Volk versammelt.

Auf einem Hügel war ein prachtvoller Teppich für den Khan ausgebreitet. Siegessicher saß der Khan mit untergeschlagenen Beinen da und rauchte seine Pfeife.

Der Hüne des Khans stand auf dem Feld und zeigte allen seine Kraft. Mit bloßen Händen zerbrach er dikke Bäume, als seien es dünne Zweige.

Das Feld, auf dem der Zweikampf ausgetragen werden sollte, grenzte an einen felsigen Abgrund.

Kurgóko stieg vom Pferd und rief:

»Ist das denn ein Gegner! An dem will ich mir die Hände nicht schmutzig machen. Er ist viel zu schwach für mich! Soll er seine Kraft zuerst an meinem jungen Gefährten erproben.« Damit wies er auf den jungen Mann, der mit ihm gekommen war.

Der Khan gab ein Zeichen, und die beiden Kämpfer gingen aufeinander los. Der Hüne des Khans packte seinen Gegner, konnte ihn jedoch nicht zu Boden werfen. Nun packte der junge Fremde den Hünen, hob ihn in die Luft, schmetterte ihn zu Boden, schleifte ihn zum Abgrund und schleuderte ihn vom Felsen in die Tiefe.

Die Kabardiner brachen in ein frohes Siegesgeschrei aus.

Der Khan aber brachte kein Wort über die Lippen, war er doch überzeugt gewesen, daß sein Hüne als Sieger aus dem Kampf hervorgehen würde. Nun mußte er sich geschlagen geben.

»Jetzt sehe ich, daß eure Kämpfer stärker sind«, sagte der Khan schließlich zum kabardinischen Fürsten.

Da löste sich der alte Hatú aus der Menge und trat zum Sieger.

»Seht alle her!« rief er. »Eine Frau hat den Hünen des Khans bezwungen, die Frau meines Sohnes!« Damit zog er ihr die Mütze vom Kopf.

Nun fielen Laschín die schweren schwarzen Zöpfe auf die Schultern.

Ein Ruf des Erstaunens ging durch die Menge.

»Glücklich das Volk, das solche Frauen besitzt«, sagte der Khan. »Wenn eure Frauen so stark sind, wie stark müssen erst die Männer sein! Nein, mit einem solchen Volk möchte ich in Freundschaft leben.«

Und der Khan zog mit seinem Heer ab.

Der Felsen, von dem die junge Frau den Hünen hinuntergeschleudert hatte, heißt seither der Laschín-Felsen.

Sarina und Bachodur

Der Padischah Bachrom hatte vierzig Söhne – vierzig starke, schöne Recken. Mit ihnen ritt Bachrom eines Tages auf die Falkenjagd, von einem großen Gefolge begleitet. Weit in die Steppe hinein ritten sie und jagten dort mehrere Tage lang.

Mit reicher Beute trat Bachrom den Heimweg an. Und plötzlich gewahrte er weit, weit draußen, am Rande seines Reiches, vierzig junge Mädchen mit großen Krügen auf den Schultern, die eine hinter der andern einen hohen Berg hinabstiegen. Unten gingen sie an einen Fluß, schöpften ihre Krüge voll Wasser, stiegen wieder den Berg hinauf und entschwanden seinen Blikken. Der erstaunte Bachrom hatte sein Roß angehalten, und als das letzte Mädchen hinter dem Berg verschwunden war, sagte er zu seinem Wesir: »Schicke sofort Eilboten aus und laß sie erkunden, wer jene gewesen sind – ob Peris oder einfache Mädchen? Und warum sie das Wasser aus dem Fluß in Krügen über den Berg hinübertragen?«

Wie der Wind jagten die Eilboten auf ihren schnellen Rossen dem fernen Berg entgegen und waren bald den Blicken der anderen entschwunden. Bachrom aber setzte seinen Heimweg fort. Gerade als er in die Stadt hineinreiten wollte, holten ihn die zurückkehrenden Eilboten ein. Und sie meldeten Bachrom: »Hinter jenem fernen Berge wohnt der Padischah Diör, der vierzig Töchter hat und keinen einzigen Sohn. Das Reich des Diör ist wüst und arm, weil es darin kein Wasser gibt. Ohne Wasser aber müßten die wenigen Felder, Gärten und Weideflächen verdorren. Die vierzig jungen Mädchen aber, die zum Fluß hinabstiegen und Wasser schöpften, sind die Töchter des Padischahs Diör.«

Und die Eilboten wußten noch zu berichten, daß der Padischah Diör seine Töchter demjenigen geben wollte, der vierzig Söhne hätte und der ihm hülfe, den Berg zu spalten und das Wasser in sein Land zu leiten.

Da freute sich Bachrom, denn nun hatte er Bräute für seine Söhne gefunden. Schon am nächsten Tage sandte er die Brautwerber, mit reichen Geschenken versehen, zu Diör und ließ ihm ausrichten, daß er um dessen sämtliche vierzig Töchter für seine vierzig Söhne anhalte; und er sei auch bereit, Wasser aus seinem wasserreichen Fluß in Diörs Reich hinüberzuleiten.

Vom frühen Morgen an durcheilten Boten das Land Bachroms und riefen die Menschen zur Arbeit auf. Zur gleichen Zeit aber versammelten sich auch die Bewohner aus dem Lande Diörs vor dem hohen Berg.

Vierzig Tage und vierzig Nächte lang schlugen die Menschen einen Kanal durch den Berg. Und als dann das Wasser durch den gespaltenen Berg floß, ward ein großes Volksfest veranstaltet, das vierzig Tage und vierzig Nächte währte. Gleichzeitig wurde die Hochzeit der vierzig Söhne Bachroms mit den vierzig Töchtern Diörs gefeiert. Die ältesten Söhne bekamen die ältesten Töchter zu Frauen. Der jüngste Sohn aber, der schöne Bachodur, heiratete Sarina, die jüngste und schönste Tochter Diörs.

Sarina aber war nicht nur schön, sie war auch gutherzig und klug. Sie liebte Tiere und Vögel. In ihrem Garten lebten Gazellen, Pfauen und Strauße, die sie selber fütterte. Die Vögel begrüßten Sarina mit freudigen Schreien und Rufen, und die Pfauen folgten ihr auf Schritt und Tritt. Doch am liebsten hatte sie Tauben. Über dem Fenster ihres Zimmers befand sich ein Taubenschlag. Vom Fenster aus warf Sarina den Tauben Körner zu. Wenn sie in den Hof hinausging, setzten sich ihr die Tauben auf Schultern und Hände. Sie hatten keine Scheu vor ihr und ließen sich von ihr streicheln. Oft nahm Sarina Wasser in den Mund und ließ die Tauben von ihren Lippen trinken. Sie wollte dem Märchen nicht Glauben schenken, das besagte, der Dew verberge seine Seele in einem prächtigen Tauber.

Als nun der neuentstandene Fluß durch den Berg in Diörs Land strömte, lustwandelte Sarina an dessen Ufer und bestaunte die vom Wasser getränkten, frisch ergrünten Felder und Weiden. Sie blickte in die Runde und konnte sich gar nicht satt sehen an den blühenden Fluren, die unlängst noch Wüste waren.

Auf einmal sah Sarina einen weißhaarigen Greis mit langem Bart und gütigem Gesicht auf sich zukommen. Mit der einen Hand stützte er sich auf einen Stab, in der andern trug er eine große Schale mit verschiedenen Sämereien.

»Hier, Töchterchen, nimm diese Schale«, sagte der Greis zu Sarina. »Geh am Flußufer entlang, und wirf ein Samenkorn nach dem andern in die Erde. Schau dich aber nicht eher um, als bis du alle Körner ausgestreut hast.«

Sarina empfing die Schale aus der Hand des Greises, ging am Ufer des Flusses weiter und ließ, ohne sich umzusehen, ein Samenkorn nach dem andern zur Erde fallen. Bald hatte sie nur noch eine Handvoll Samen in der Schale. Mit einemmal drängte es sie, sich umzuschauen und zu sehen, was wohl hinter ihrem Rücken vorgehe.

»Ich habe ja schon fast alle Körner ausgestreut«, sagte sie sich und blickte zurück.

Hinter ihr aber war überall da, wo sie die Körner am Flußufer ausgestreut hatte, ein üppiger Garten herangewachsen. Da standen Feigen-, Mandel- und Apfelbäume, Kirsch- und Pfirsichbäume. Die Früchte an den Bäumen reiften zusehends. Sarina lief durch den Garten und lachte glücklich, als sie die vielen, vielen Früchte sah.

Sie pflückte sich nacheinander von den verschiedenen Früchten und kostete sie. Jede neue Frucht erschien ihr süßer als die vorhergehende. Da geriet sie auch an einen Baum, dessen kleine Früchte voll goldschimmernder Körner waren. Die Frucht schmeckte ihr süßer noch als Honig. Es war eine Feige. Dann pflückte sie sich eine große Frucht mit Körnern rot wie Rubin. Ihr Saft gemahnte sie an ölichten süßen Wein. Das war ein Granatapfel.

»Diese Früchte sind die besten!« stellte Sarina fest. Und sie suchte nach Bäumen mit diesen Früchten, fand aber nur zwei davon. Da schaute sie auf die Schale und sagte bedauernd: »Sicherlich sind auf der Schale gerade die Samen der Feigen und Granaten übriggeblieben!« Schnell nahm sie die restlichen Körner und streute sie am Ufer aus. Ein Windstoß aber kam auf und fegte die Körner hinunter in den Fluß. Da bereute es Sarina, daß sie sich zu früh umgesehen hatte; aber nun war nichts mehr zu ändern. Und darum gibt es im Reiche Diörs weniger Feigen- und Granatbäume als andere Obstbäume.

Die Hochzeitsfestlichkeiten waren beendet, und Bachrom machte sich mit seinen vierzig Söhnen und vierzig Schwiegertöchtern auf den Heimweg. Eine riesige Karawane von Pferden und Kamelen, gut eine Meile lang, zog durch die glühende Wüste.

Als die Karawane schon die Hälfte ihres Weges zurückgelegt hatte, erhob sich um die glutheiße Mittagszeit plötzlich eine Sandhose vor ihnen. Die Sandhose verharrte auf einem Fleck, schwankte nur hin und her und versperrte der Karawane den Weg.

Pferde und Kamele blieben stehen, sie schnaubten und drängten sich furchtsam zusammen. Die Reiter saßen ab. Und so standen denn Mensch und Tier, zitternd vor Angst und Schrecken, wie eine geschlossene Mauer da. Keiner wagte sich vorwärts.

Da trat Bachodur, der jüngste Sohn Bachroms, der die Prinzessin Sarina geheiratet hatte, vor seinen Vater, verneigte sich vor ihm und bat, er möge ihm erlauben nachzusehen, was das für eine furchtbare Gewalt sei, die der Karawane den Weg versperre. Als Bachodur auf die Sandhose zuging, fing sie an, hin- und herzuschwanken und sich im Kreise zu drehen. Sie schoß in die Höhe und wurde zu einer dichten Wolke, aus der sich plötzlich ein schrecklicher tierähnlicher Dew löste.

»Gerade auf dich, Bachodur, habe ich hier gewartet!« sagte der Dew. »Bist du es nicht, der die Tochter Diörs zur Frau bekommen, die in meiner Wüste Gärten angelegt hat und am liebsten die ganze Welt in ein blühendes Paradies verwandeln möchte? Das aber wird nie und nimmer geschehen! Entweder du überläßt mir sofort deine Schöne, oder ich verschütte den Kanal, den ihr durch den Berg geschlagen habt, halte den Flußlauf auf und begrabe beide Reiche unter dem Wüstensand!«

Bachodur kehrte zur Karawane zurück und erzählte, daß ihnen ein böser Dew den Weg versperre, der Sarina als Tribut verlange. »Bekommt er sie nicht«, schloß Bachodur seine Erzählung, »so will er den neugegrabenen Kanal zuschütten und beide Reiche vernichten!«

»Führe mich zum Dew. Lieber will ich umkommen, als daß meinetwegen das ganze Volk zugrunde geht!« sagte Sarina ihrem Manne. Bachodur aber war nicht gewillt, sich von seiner Frau zu trennen, und er entschloß sich, sie zum Dew zu begleiten. Sie nahmen Abschied vom Vater, von den Schwestern und den Brüdern, gingen zum Dew und sprachen zu ihm: »Wir sind bereit, gemeinsam den Tod zu erleiden, du darfst aber unserem Volk nichts Böses zufügen.«

Der Dew ergriff sie beide, schwang sich hoch hinauf in die Lüfte und flog mit Windeseile bis an den Rand der Wüste. Dort ließ er sich mit seinen Gefangenen wieder auf die Erde hinab und führte sie in seine Behausung, eine unterirdische Höhle, deren Zugang ein riesiges Ungetüm bewachte, das im Finstern kaum zu erkennen war. Beim Erscheinen des Dew öffnete sich die Tür und schlug sofort wieder zu hinter den Ankömmlingen. Der Dew stieß Bachodur und Sarina in eine Ecke und sagte:

»Ich bin müde und lege mich jetzt schlafen. Morgen früh dann fresse ich euch beide auf!« Der Dew ging tiefer hinein in die Höhle, warf sich dort auf die Erde und schnarchte auch schon. Bachodur und Sarina aber warteten auf den Tod. ›Schon neigt sich der Tag seinem Ende zu‹, ging es den beiden durch den Kopf, ›bald bricht unsere letzte Nacht an, und am Morgen müssen wir sterben‹.

Da flüsterte Sarina ihrem Mann zu:

»Siehst du die Schatulle dort auf dem Steinsockel? Ich habe von meiner Großmutter gehört, daß der Dew seine Seele in einer Schatulle aufbewahrt, die unter der Erde verborgen ist. In der Schatulle soll eine zweite Schatulle stecken, in der sich eine Taube befindet, die Seele des Dews. Zerschlägt man die Schatullen, so soll der Dew sofort tot sein.«

Leise erhob sich Bachodur. Mit unhörbaren Schritten näherte er sich dem Steinsockel, auf welchem die Schatulle stand. Über ihr hing an der Wand ein riesiges Schwert. Bachodur ergriff das Schwert und schlug mit aller Kraft auf die Schatulle. Die Schatulle zersprang. Der Dew erwachte und stieß ein wildes Gebrüll aus. Die unterirdische Behausung erbebte. Wütend fuhr der Dew in der Höhle umher und wollte sich auf Bachodur werfen. Der aber hatte schon in der zerschlagenen Schatulle die zweite erblickt. Er holte mit seinem Schwert aus, ließ es auf die Schatulle niedersausen, und der Dew stürzte tot zu Boden.

Bachodur schloß die schwere Tür der Höhle auf und zerhieb das sich auf ihn stürzende Ungeheuer in zwei Hälften. Einander fest bei den Händen haltend, stiegen nun Bachodur und Sarina aus der unterirdischen Behausung zur Erde hinauf.

Es war tiefe Nacht, hell funkelten die Sterne am

Himmel. Bachodur und Sarina schritten durch die endlose Wüste, und die Sterne wiesen ihnen den Weg. Im Morgengrauen trafen sie auf eine Pferdeherde. Sie fingen sich zwei der besten Rosse und ritten weiter ihres Wegs.

Am andern Tag in der Frühe holten sie ihre Karawane ein. Von weitem schon vernahmen sie das Weinen und Wehklagen ihrer Verwandten. Als jene aber Bachodur und Sarina heil und unversehrt vor sich sahen, wandelte sich das Leid in Freude. Der Padischah Bachrom befahl, für alle ein festliches Mahl zu richten. Nun wurde geschmaust und gezecht, Musik erklang, Sänger ließen ihre Lieder erschallen, und die Krieger rührten die Trommeln. Da kam auf einmal, in eine Staubwolke eingehüllt, ein Eilbote aus dem Reiche Bachroms angejagt und meldete dem Padischah: »Während Ihr mit Euren Reckensöhnen im Reiche Diörs zu Besuch weiltet, überfielen fremdländische Horden unsere Stadt. Sie besetzten die Residenz und plünderten die Bevölkerung aus. Nahe bei der Stadt liegt der Feind im Hinterhalt und wartet dort auf Eure Rückkehr, um Euch alle gefangenzunehmen.« Bachrom rüstete sich zum Kampf. Dem Heer voran stellte er seine vierzig Reckensöhne, angeführt von Bachodur, seinem jüngsten Sohn, der den Dew besiegt hatte. Mit lautem Schlachtruf zog das Heer Bachroms gegen die feindlichen Horden. Tapfer schlugen sich die Krieger, kühn kämpften die vierzig Recken. Doch der Feind stand ihnen in zehnfacher Stärke gegenüber.

Sarina, die Schöne, aber verwandte kein Auge von dem Schlachtfeld. Ganz plötzlich befiel sie Unruhe, und sie dachte besorgt: Wird Bachodurs Kraft auch nicht erlahmen? Werden seine Brüder und das ganze Reckenheer durchhalten? Und es hielt sie nicht länger, tatenlos zuzusehen. Sie sprang auf ein in der Nähe stehendes Roß, ritt die Karawane entlang und überredete ihre Schwestern und alle andern Frauen, eiligst Männerkleider anzulegen und sich aufs Roß zu schwingen. Dann ließ sie sie, hinter einem Hügel verborgen, Aufstellung nehmen und wartete. Als es ihr dann schien, das Heer Bachodurs könnte jeden Augenblick dem Feind erliegen, tat sie einen lauten Ruf, schlug die Schellentrommel und führte ihre Frauenabteilung den ermüdeten Kriegern zu Hilfe.

Die Feinde aber glaubten, ein frisches, starkes Heer rücke heran, um Bachroms ermattete Kämpfer abzulösen. Verwirrung kam in ihre Reihen und brachte sie ins Wanken. Die Feinde machten kehrt. Die einen wurden getötet, andre ergriffen die Flucht, und wieder andre warfen die Waffen weg und gaben sich gefangen.

So half die tapfere und kluge Sarina ihrem Mann und bewahrte ihr Volk vor Unfreiheit und Knechtschaft.

Den vierzig Söhnen Bachroms und den vierzig Töchtern Diörs war ein langes Leben beschieden. Ihre Nachkommen leben bis auf den heutigen Tag und erzählen die Mär vom tapferen Bachodur, dem Besieger des Wüstendews, und von seiner schönen und klugen Frau, die an den Ufern des Flusses Obstgärten pflanzte.

Der Zwerg

Ein Student machte einem sehr schönen Mädchen den Hof. Doch ihre Eltern verboten ihr den Verkehr mit ihm, weil er arm war. Eines Nachts nun verabredete sich das Mädchen mit ihrem Freund und beschloß, das elterliche Haus zu verlassen und sich mit ihm in einer kleinen Kapelle zu vermählen, die oben auf einem Berg stand. Und zur abgemachten Stunde ging das Mädchen auf den Balkon und sah im Schatten einen Jüngling, der hielt ein Pferd am Halfter. Und da sie glaubte, es sei ihr Geliebter, sagte sie: »Komm näher und nimm den Koffer.«

Der Jüngling nahm den Koffer, und das Mädchen ließ sich an einem Strick hinunter, stieg auf das Pferd und ritt gemeinsam mit dem Jüngling davon.

Sie wunderte sich sehr, daß ihr Geliebter kein Wort zu ihr sprach. Aber als es dämmerte, sah sie, daß der Jüngling gar nicht ihr Geliebter war, sondern ein fremder Bursche, der gerade in dem Augenblick an ihrem Haus vorbeigekommen war, als sie auf dem Balkon gestanden.

Da sagte sie zu ihm:

»Um Gottes willen, bringt mich nicht weiter, laßt mich hier!«

Der Bursche hielt an, und sie setzte sich auf den Koffer. Bald kamen Hirten vorbei, die sagten:

»Was für ein wunderschönes Mädchen! Schön wie die Jungfrau Maria!«

Und sie nahmen es mit sich. Und im Dorf, in dem die Hirten wohnten, lebte ein Ehepaar, das hatte keine Kinder, und es nahm das Mädchen bei sich auf und behandelte es sehr gut; nicht einmal arbeiten durfte es. Doch es bestand darauf, mit den Hirtinnen der Gegend die Schafe zu hüten, und so verbrachte es die Tage bei der Herde.

Es gefiel ihr nicht im Dorf, weil alle Welt dort in Angst und Schrecken lebte wegen der Dinge, die sich im königlichen Schloß zutrugen. Jede Nacht mußte ein Untertan, der durch das Los dazu bestimmt wurde, in dem Gemach der Prinzessin schlafen und wurde am nächsten Morgen tot aufgefunden. Eines Tages fiel das Los auf die Familie, in der das Mädchen lebte, und als es davon hörte, sagte es:

»Ich will nicht, daß irgend jemand aus diesem Haus in dem Gemach der Prinzessin schläft. Ich werde selber hingehen!«

Und das Mädchen ging ins Schloß. Als der König es sah, sprach er: »Ich gestatte nicht, daß ein so schönes Mädchen sterben soll. Es soll der in dem Gemach der Prinzessin schlafen, den das Los dazu bestimmt hat.«

Das Mädchen bat aber so inständig darum, daß der König schließlich ihrem Flehen nachgab. Sie legte sich in dem Gemach der Prinzessin schlafen, aber obwohl sie bald eine große Müdigkeit befiel, gelang es ihr, sich wach zu halten.

Und kurz nach Mitternacht trat ein Zwerg in das Gemach, der stieß der Prinzessin hinter dem Ohr eine große Nadel in den Kopf. Und die Prinzessin schrie:

»Weh, man versengt mich! Weh, man verbrennt mich!« Einen Augenblick schwieg sie, dann sagte sie zu dem Zwerg: »Ich bitte dich bei Gott, töte das junge Mädchen nicht, das hier liegt!«

»Es bleibt mir nichts anderes übrig, als es zu töten.«

»Bei Gott, töte es nicht, denn es ist so schön!«

Der Zwerg betrachtete es und sagte:

»Ja, es ist sehr schön; deswegen will ich es auch erst töten, wenn es Tag wird.«

Und der Zwerg stieß die Nadel noch tiefer in den Kopf der Prinzessin und ging weg.

Da das Mädchen sich wachgehalten hatte, stand sie auf und folgte dem Zwerg. Er machte in einem Gemach halt und begann dort, Zettel zu schreiben. Dann las er sie und warf sie in einen Kessel.

Jedesmal, wenn er die Zettel in den Kessel warf, schlugen blaue Flammen empor, und die Prinzessin schrie: »Weh, man versengt mich! Weh, man verbrennt mich!«

Der Zwerg hörte auf zu schreiben und schlief ein. Da ergriff das Mädchen den Kessel und goß den Inhalt über ihn, daß er verbrannte.

Als sie ihn getötet hatte, lief sie zu der Prinzessin und zog ihr die Nadel aus dem Kopf, und sogleich wurde sie gesund. Am nächsten Morgen kamen die Diener des Königs und wollten die Leiche des jungen Mädchens aus dem Gemach holen. Da sahen sie, daß es noch am Leben war.

Es dauerte nicht lange, so wußte man im ganzen Königreich, daß der Zwerg, der die Prinzessin bisher gemartert hatte, von dem Mädchen getötet worden war. Und diese Nachricht kam auch dem Studenten zu Ohren, der das Mädchen im ganzen Land gesucht hatte. Und sobald er erfuhr, wo sie war, ging er zu ihr, und nach einigen Tagen heirateten sie.

Und an ihrem Hochzeitstag schenkte der König dem Mädchen große Reichtümer und erwies ihr große Ehren, und sie wurde glücklich mit ihrem Mann ihr Leben lang.

Die goldene Lotosblume

In alten, uralten Zeiten herrschte im fernen Osten ein mächtiger König. Er und seine junge Gemahlin waren glücklich; sie waren überglücklich, daß binnen kurzem der königliche Palast vom Lachen und Weinen eines Kindleins erschallen würde.

An dem Tag, an dem die Königin niederkommen sollte, fanden sich die großen Seher des Landes zusammen und lasen aus den Sternen. Danach trat der Älteste vor den König hin und sagte:

»Vergib mir, mein Herr und Gebieter, daß ich dir eine Eröffnung mache, die dich betrüben wird. Schenkt die Königin in dieser Nacht einem Knaben das Leben, so wird dir dieser Freude und Glück bescheren, er wird deinem Reich eine rechte Stütze sein. Schenkt jedoch die Königin einem Mädchen das Leben, so wird dir dieses Unglück bringen; deshalb sollte es keinen Tag in deinem Reich verbleiben.«

Die Königin brachte ein Mädchen zur Welt, das einer goldenen Lotosblume glich. Der König geriet in große Angst, als man ihn davon in Kenntnis setzte.

»Oh, ungute Stunde!« rief er und rang die Hände. »Welch ein Unglück! Gibt es denn keine Möglichkeit, es abzuwenden?«

Der König rief seine Berater zusammen und beratschlagte lange mit ihnen; dann forderte er die Seher auf, nochmals die Stellung der Gestirne zu studieren. Diese taten es und gelangten wieder zu dem Schluß, die

Königstochter dürfe nicht im Lande bleiben. Da fügte sich der König, er senkte den Kopf und vergoß bittere Tränen. Dann bettete er sein Töchterchen in ein Boot aus Sandelholz und machte dieses los. Der Wind blähte die Segel. Die Wellen bemächtigten sich des Boots; sie schaukelten es und trugen es fort vom Gestade.

Das Boot trieb auf den Wellen; schließlich strandete es an der wunderschönen Insel Lanka, in der Nähe der Residenz.

In den frühen Morgenstunden kamen Fischer an den Strand, die entdeckten das Boot; das Weinen der kleinen Königstochter hatte sie aufhorchen lassen. Das Kindlein lächelte die Männer, die es aus dem Boot hoben, an.

Ein alter Fischer sagte zu seinem Sohn:

»Mach schnell! Trage das Kindlein in den Palast des Radschas und melde, wie wir es gefunden haben. Nach dem Boot aus kostbarem Sandelholz und nach dem Schmuck, den das Kindlein an Armen und Beinen trägt, zu schließen, hat das Mädchen in einem Palast das Licht der Welt erblickt.«

Die Devi nahm das kleine Mädchen, das einer goldenen Lotosblume glich, auf den Arm und wollte sich von ihm nicht trennen; auch der Radscha nahm es liebevoll auf. Das Herrscherpaar war kinderlos, deshalb sah es das fremde Kind als Geschenk des Himmels an.

Der Radscha und die Devi erzogen das Mädchen, als sei dieses ihr eigen Fleisch und Blut. Sie ließen es unterrichten, und es eignete sich Kenntnisse und Fähigkeiten an, die ein Herrscher besitzen sollte. Als es auch die Waffen zu handhaben wußte, da bestimmte der Radscha, es solle ihm auf dem Thron folgen.

Zur Zeit, da die Radschini, die einer goldenen Lotosblume glich und das Wissen eines Gelehrten besaß, die Regierung übernahm, las ein weiser Fürst auf dem fernen Festland in einer alten Schrift. Er las von der Insel Lanka und dem aus dem Meer ragenden Felsen, der vom himmlischen Berg Meru abgebröckelt war, als die Götter dort einen Kampf austrugen.

Der Fürst nahm sich vor, eine löbliche Tat zu vollbringen; er wollte den Felsen suchen und auf seiner Spitze einen Tempel errichten lassen. Deshalb ließ er ein Schiff mit Kostbarkeiten beladen und schiffte sich mit den besten Handwerkern des Landes ein.

Sie fuhren über das Meer. Als sie die von Grün überwucherte Insel Lanka erreichten und eine tiefe Bucht entdeckten, rief der Fürst aus:

»Hier wollen wir an Land gehen!«

Ihr Schiff legte an einem geschützten Ort, in unmittelbarer Nähe des in die Höhe ragenden Felsens an.

Sie waren noch dabei, mit ihren Geräten und ihren Schätzen den Felsabhang zu erklimmen, da benachrichtigte schon ein von den Fischern entsandter Eilbote die Herrscherin von der Ankunft der Fremdlinge und deren seltsamem Gehabe.

Die Herrscherin ließ vier Ruderboote mit Waffen beladen. Erst schifften sich die Ruderer, die Krieger und die Befehlshaber der Wache ein, dann bestieg die Herrscherin das größte der Boote. In den Abendstunden langten sie am Felsen an.

Die Fremdlinge zündeten eben ein großes Feuer an, gossen Kokosmilch und streuten duftende Blumen in die See; aus tiefem Herzen dankten sie dem Meer, daß seine Wellen sie unversehrt ans Ziel getragen hatten.

Der Fürst wandte sich dem Meer zu und verbeugte sich – da wurde es plötzlich still, und der Schatten der Nacht senkte sich auf den Felsen nieder.

Die Herrscherin kehrte in die Residenz zurück. Am nächsten Morgen rief sie ihre Krieger zusammen und sprach:

»Gefahr ist im Anzug! Ein Eroberer hat den öden, in die Höhe ragenden Felsen besetzt; er beginnt schon, Befestigungen zu errichten.«

Die Befehlshaber versammelten ihre Krieger und bewaffneten sie. Dann rückten sie zu Wasser und zu Lande gegen den Eroberer vor. Als sie den Felsen erreichten, empfing sie weder Waffengeklirr noch Kriegsgeschrei. Vier Abgesandte des Fürsten kamen auf sie zu.

»Wir haben nichts Böses im Sinn!« riefen sie von weitem.

Nach einiger Zeit kamen die Herrscherin und der Fürst zusammen. Der Fürst machte eine tiefe Verbeugung und sprach:

»Wir sind keine Eindringlinge, Herrin. Gestatte uns, hier auf der Felsenspitze einen Tempel zu errichten.«

Der Fürst unterbreitete dann der Herrscherin seinen Plan, auf dem öden, vom himmlischen Berg Meru abgebröckelten Felsen ein Obdach für müde Wanderer zu erbauen. Dort sollten diese alles Ungemach und alles Leid vergessen und neue Kräfte sammeln. Sie sollten so lange dort verweilen, bis ihr Herz von Frieden erfüllt sein würde.

»Fürwahr, das wird eine löbliche Tat sein«, sagte die Herrscherin. Sie schenkte dem Fürsten den öden Felsen und das ihn umgebende Land und gestattete ihm, dort einen Bau auszuführen.

Die Bauarbeiten nahmen einen raschen Fortgang. Tausende von weißen Säulen strebten aufwärts, lange Baumreihen und Blumen, Züge von Göttern, Menschen und Elefanten traten aus ihnen hervor.

Die Herrscherin pflegte in Begleitung des Fürsten den prächtigen Bau zu besichtigen. Als die Steinmetzen und die Bildhauer den ersten Säulengang fertiggestellt hatten, reichte die Herrscherin dem Fürsten die Hand fürs Leben.

Lange Jahre führten sie ein ruhiges und glückliches Leben. Unter ihrer Herrschaft blühte das Land auf, und die Menschen hatten genug zum Leben. Nach vielen Jahren wurden die Bauarbeiten abgeschlossen; der Tempel war von einzigartiger Schönheit.

Eines Tages, zu nächtlicher Zeit, entschlief die Herrscherin.

»Die goldene Lotosblume ist verblüht!« rief der leiderfüllte Fürst aus, dann verkündete er den Pilgern die Trauerbotschaft.

Den Tag darauf überließ er die Regierung seinem ältesten Sohn. Er verließ die Residenz, zog sich in den auf der Felsenspitze errichteten Tempel zurück und verwandelte sich dort in eine goldene Lotosblume. Lange Jahre wachte er über die Wanderer, die im wunderschönen Tempel alles, was sie bedrückte, vergessen sollten.

Jahrhundertelang ragten die Säulen in die Höhe, jahrhundertelang wachten sie über das Reich. Eines Tages kamen jedoch aus Übersee wilde, bis an die Zähne bewaffnete Männer, die zerstörten den Tempel. Sie warfen die Säulen um, stürzten sie ins Meer oder zerschlugen sie, um sie dann zum Bau ihrer Behausungen und ihrer Straßen zu verwenden. Der hohe vom himmlischen Berg Meru abgebröckelte Felsen blieb jedoch stehen; noch heute überragt er das Meer.

Taile

Hoch oben in den Bergen von Dschokasch auf Ponape lebte einmal ein böser Zauberer, der hieß Taile. Er war schon sehr alt und betagt und wohnte in einem kleinen Häuschen, das dicht neben einer großen Höhle stand. Eines Tages erzählten ihm die Leute, daß in Matolenim das hübscheste Mädchen lebte, das man je gesehen hätte. Alle priesen ihre Schönheit und lobten sie. Die »Schöne von Taman« wurde sie genannt, und sie war die Tochter des Königs Schautelur. Als Taile das hörte, wurde er so von Liebe zu ihr entflammt, daß er sie heiraten wollte.

Er machte sich auf und wanderte zu Fuß über die Berge nach Matolenim. Unterwegs traf er eine Anzahl Männer, die bereiteten eine Brotfruchtspeise für Schautelur. Er sah ihnen eine Weile zu, fragte sie dann nach dem Wege und erzählte ihnen sein Vorhaben. Da lachten sie ihn alle aus und sagten, die Königstochter würde sich wohl für einen solch häßlichen Mummelgreis allerschönstens bedanken. Taile antwortete ihnen nichts darauf und zog weiter; im stillen dachte er aber über die Worte der Leute nach und beschloß, sich wieder jung zu machen, um die Schöne von Taman zu erringen.

Zunächst pflückte er eine Menge schöner roter Blumen und machte sich daraus einen prächtigen Kranz. Den setzte er sich auf den Kopf. Da sah er schon besser aus. Er wanderte weiter und kam an einen einsamen

Ort. Dort legte er seine dicken, geschwollenen Beine ab und setzte sich dafür jugendlich frische ein. Er zog weiter und kam an einen anderen Ort. Dort legte er sein weißes Haar ab und vertauschte es mit einer hübschen schwarzen Kopfzierde. Er ging weiter und kam an einen anderen Ort. Dort entledigte er sich seiner schlaffen Hoden und ersetzte sie durch kleine, zarte, pralle. So wurde er immer jünger aussehend. Und als er schließlich noch seine alten häßlichen Triefaugen aus dem Kopf nahm und blanke, helle Augen dafür einsetzte, als er sich die Runzeln und Falten aus dem Gesicht strich, da war er wieder zum jungen Mann geworden.

So kam er denn nach Pankatra an den Hof des Königs. Er trat in das Haus ein, wo der König mit seiner Tochter gerade beim Essen saß. Sie luden den Taile ein, bei ihnen Platz zu nehmen und mit zu essen. Die Schöne von Taman mochte den jungen hübschen Mann gern leiden und bat ihn, ihr den roten Blumenkranz zu schenken. (Den hatte Taile aber vorher verzaubert.)

Als sie den Kranz aufgesetzt hatte, da packte sie eine heftige Liebe zu Taile. Die Liebe wurde immer größer, und als der Zauberer fragte, ob sie seine Frau werden wolle, sagte sie mit Freuden ja. Da heiratete Taile die Schöne von Taman, und beide wohnten in Pankatra.

Nach einiger Zeit wollte Taile jedoch nach Dschokasch zurückkehren, und er sagte seiner Frau, sie möchte ihren Vater, den König, bitten, sie reisen zu lassen. Schautelur entließ sie, und sie gingen fort. Sie gingen zu Fuß. Als sie an den Platz kamen, wo Taile seine Triefaugen abgelegt hatte, nahm er sie wieder auf und setzte sie sich ein. So machte er es auch an den anderen Orten; überall, wo er vordem seine alten Sachen abgelegt hatte, holte er sie sich wieder, das weiße Haar, die schlaffen Hoden und die dicken Beine. Und mit Schrecken bemerkte die junge Frau, wie ihr jugendlicher Mann plötzlich zum häßlichen Mummelgreis geworden war. Sie wollte fliehen; doch das ging nicht. Sie kannte nicht den Weg in der fremden Wildnis und mußte wohl oder übel bei Taile aushalten.

Als die beiden an die Stelle kamen, wo der Zauberer sein Boot versteckt hatte, zog er es aus dem Dickicht heraus und legte seine Frau samt allen abgelegten Sachen hinein. Dann nahm er das Boot auf die Schulter und trug es über die Berge bis zu seinem Haus. Er setzte es nieder, öffnete die Tür und schob es ins Haus hinein. Dann verrammelte er die Tür ganz fest und freute sich auf den schönen Braten, den er sich so schlau eingefangen hatte, um ihn mit seinen Freunden zu verzehren. Taile war nämlich ein arger Menschenfresser. Er ging nun auf den Berg und rief von dort aus alle seine Freunde zusammen und lud sie zum Schmause ein. Sie kamen bald herbei und fragten ihn, was für einen Braten er denn für sie erwischt habe. Er antwortete: »Die Schöne von Taman.« Da freuten sich alle und schmatzten mit den Lippen.

Während Taile auf dem Berge war, kam seine Schwester des Wegs, um ihren Bruder zu besuchen. Als sie vor dem Häuschen angekommen war, hörte sie darinnen rufen. Sie fragte: »Wer ist da im Häuschen und ruft immerfort?« – Die Gefangene antwortete: »Ich bin es, die Schöne von Taman, die Tochter des Schautelur!« – »O du dummes Mädchen!« sagte die Schwester, »warum bist du auch mit dem bösen Zauberer gegangen? Der will dich fressen.« – »Was soll ich tun?« wehklagte die Schöne, »ich kann nicht hinaus, die Tür ist verschlossen und fest verrammelt.« »Ich werde dir helfen«, entgegnete die andere, »klopfe du drinnen, ich klopfe draußen. Bald wird ein Loch entstehen, dann kannst du heraus und dich in Sicherheit bringen.« Das tat das Mädchen, und bald war sie frei.

Sie lief nun so schnell sie konnte fort und bat inständig alle Bäume und Büsche, ihr zu helfen, den rechten Weg zu zeigen und sie ja nicht dem Taile zu verraten. Die Bäume und Büsche hatten Mitleid mit der Schönen; sie halfen ihr, zeigten ihr den Weg und versprachen, sie nicht dem Zauberer zu verraten. Nur ein kleiner, winziger Busch weigerte sich. Da pißte sie auf ihn und zog über die Berge weiter.

Als Taile nun vom Berge herab an sein Haus kam, öffnete er die Tür, um das Mädchen für den Schmaus herzurichten. Aber der Vogel war ausgeflogen. Er fragte seine Schwester, ob sie wüßte, wo das Mädchen geblieben sei. Sie verneinte es. Da suchte er überall nach der Entflohenen; er fragte die Bäume und Büsche, ob sie bei ihnen vorbeigekommen wäre. Die antworteten alle nein; nur der kleine winzige Busch sagte: »Soeben ist die Schöne von Taman hier an mir vorübergelaufen.« Da lief der Zauberer weiter. Aber er holte das Mädchen nicht ein. Mit ihren jungen Beinen konnte sie schneller rennen als er mit seinen alten. So mußte er schließlich seine Absicht aufgeben und kehrte nach Haus um.

Unterwegs begegnete er zwei alten Frauen, die trugen frische Kokosnüsse mit sich. Er bat sie, ihm einige zu geben; denn vom Laufen war er matt geworden und wollte sich erfrischen. Sie taten es. Als er sie fragte, ob sie etwa das Mädchen gesehen hätten, antworteten sie: »Zieh dein unteres Augenlid einmal herunter, dann wollen wir es dir sagen.« Taile zog die unteren Augenlider herunter, und die Frauen warfen ihm große Hände voll Staub in die Augen. »So, nun geh hin, wasch dir die Augen aus, dann wirst du die Schöne schon sehen!« sagten sie und rannten fort. Taile war blind geworden; er konnte nichts mehr sehen; er verirrte sich in der Wildnis, fand nicht mehr nach Haus und ging elendig zugrunde.

Die Schöne von Taman war jetzt frei. Sie kam glücklich nach Pankatra und erzählte dort allen ihre Erlebnisse, o, uä!

Die Hundebraut

Ein alter Mönch ging seines Weges. In der Gegend, die er gerade durchwanderte, gab es ein Anwesen. Die Familie dieses Anwesens hatte als Sohn eine Schlange.

Der alte Mönch sah, wie ein Bussard – eine Schlange im Schnabel – sich am Seeufer niederließ und drauf und dran war, auf die Schlange einzuhacken.

Den alten Mönch packte das Mitleid. Er dachte: »Ich muß die Schlange retten, sonst wird sie gefressen. Ich muß sie holen – die Arme!«

»Pehooo«, schrie er und verscheuchte den Bussard.

Er lief den Hang herunter, nahm die Schlange, legte sie in seinen Hut und ging weiter seines Weges.

Bald darauf kamen ihm zwei weiße Reiter auf zwei weißen Pferden entgegen.

»Unser Sohn ist von einem Bussard fortgetragen worden! Hast du irgend etwas gesehen?« fragten sie ihn.

»Einen Jungen, von einem Bussard fortgetragen, habe ich nicht gesehen. Ich sah, wie ein Bussard eine Schlange forttrug. Ich habe sie gerettet. Ich habe sie hier in meinem Hut. Von einem Jungen habe ich nichts gesehen«, antwortete der Mönch.

»Oh, die Schlange, das ist unser Sohn!« riefen die weißen Reiter. »Du hast ihm das Leben gerettet! Du hast uns unendlich Gutes erwiesen! Was immer du brauchst, wir werden es dir geben!«

»Ist gut«, sagte der Mönch und gab den weißen Reitern den Schlangen-Sohn zurück.

»Wißt ihr«, sprach er, »ich bin ein alter Mönch. Ich habe nichts zu essen und nichts, um mich zu kleiden. Wenn ihr etwas habt, was ihr mir geben könnt, ich kann es gebrauchen.«

»Wir werden dir geben, was immer du dir wünschst!« versicherten die Reiter.

Sie nahmen ihn mit in ihr Heim und hießen ihn am Aschenplatz sich niedersetzen. Sie versorgten den Mönch mit Tee und Yoghurt und ließen ihn am Aschenplatz zurück. Sodann gingen die Gastgeber erst einmal die Kühe melken.

In der Nähe des Aschenplatzes war ein gescheckter, kleiner Hund angebunden.

Am Aschenplatz lag ein angekohlter Feuerstock.

Im dunklen Innern des Hauses stand ein dürrer, junger Yak, der nichts als Dünnschiß hatte.

Über einem Stapel Sachen lag eine Yakhaardekke...

Bevor sie melken gingen, sagte die Frau des Hauses zu dem kleinen, gescheckten Hund: »Du! Plappere nicht!«

»Aha«, dachte der Mönch, »der Welpe hat also etwas zu verraten! Ich muß ihn mir vorknöpfen! Ich will ihn ausquetschen!«

Als die anderen endgültig fort waren, sprach er zu dem Welpen: »Ich habe deiner Familie heute einen großen Dienst erwiesen. Sie sagten zu mir: ›Was immer du dir wünschst, wir werden es dir geben!‹ Kannst du mir raten, was ich mir wünschen soll?«

Der kleine gescheckte Hund riet ihm:

»Sage: ›Gebt mir den kleinen, gescheckten Hund vom Aschenplatz!‹

Sage: ›Gebt mir den angekohlten Feuerstock vom Aschenplatz!‹

Sage: ›Gebt mir die Yakhaardecke, die den Stapel Sachen verdeckt!‹

Sage: ›Gebt mir den dürren, jungen Yak mit Dünnschiß aus dem dunklen Innern des Hauses!‹

Es gibt nichts Besseres, das du dir erbitten könntest!«

»Gut«, sagte der Mönch und wartete ab.

Das Ehepaar kam vom Kühemelken zurück und sprach:

»Du hast unserem Sohn das Leben gerettet! Du hast uns unendlich Gutes erwiesen! Was sollen wir dir als Zeichen unserer Dankbarkeit geben? Was brauchst du? Was immer du dir wünschst, wir werden es dir geben!«

Der Mönch sprach:

»Gebt mir den kleinen, gescheckten Hund vom Aschenplatz!

Gebt mir den angekohlten Feuerstock vom Aschenplatz!

Gebt mir die Yakhaardecke, die den Stapel Sachen verdeckt!

Gebt mir den dürren, jungen Yak mit Dünnschiß aus dem dunklen Innern des Hauses!

Um diese vier Dinge bitte ich euch!«

»Der kleine, gescheckte Hund vom Aschenplatz hat geplappert!« stöhnten sie und schlugen dem Hündchen mit dem Feuerstock dreimal auf den Kopf.

Sodann gaben sie dem Mönch den kleinen, gescheckten Hund vom Aschenplatz.

Sie gaben ihm den angekohlten Feuerstock vom Aschenplatz.

Sie gaben ihm die Yakhaardecke, die den Stapel Sachen verdeckt.

Sie gaben ihm den dürren, jungen Yak mit Dünnschiß aus dem dunklen Innern des Hauses.

Der alte Mönch machte sich auf den Weg.

Die Yakhaardecke trug er auf dem Rücken.

Den angekohlten Feuerstock trug er in der Hand.

Den dürren, jungen Yak trieb er vor sich her.

Der kleine, gescheckte Hund lief mit.

Sie kamen in eine verlassene Gegend. Der Mönch war hungrig. Er hatte nichts zu essen. Vor Hunger konnte er kaum noch weitergehen. Schwäche und Müdigkeit übermannten ihn. Halb schlafend torkelte er einher. Er dachte: »Der kleine Hund hat zu mir gesagt: ›Sage: Gebt mir den kleinen, gescheckten Hund! Sage: Gebt mir den angekohlten Feuerstock – der doch niemals von irgendwelchem Nutzen sein kann! Auch die Yakhaardecke ist nutzlos – essen kann man sie nicht, zum Schlafen taugt sie nichts! Und dieser dürre, kleine Yak – schlachtet man ihn, so erhält man nur Knochen und Sehnen! Eine Unglücksbringerin ist sie, diese kleine Hündin!«

In Verzweiflung und Wut verprügelte er die Hündin.

Danach legte er sich schlafen. Ihm träumte von Süßwurzeln mit ausgelassener Butter.

Als er aufwachte, standen an seinem Kopfende die köstlichen Süßwurzeln, schwimmend in heißer Butter. Es war so viel, daß er unmöglich alles verzehren konnte. Außerdem standen gekochtes Fleisch und starker Tee bereit.

Der Mönch wunderte sich sehr und dachte: »Ob die Hündin das vollbracht hat?«

Er ließ es sich schmecken, aß und trank ausgiebig und machte sich wieder auf den Weg.

Sie kamen in ein weites Tal, eine offene, leere Ebene breitete sich vor ihnen aus. Plötzlich rührte sich die kleine Hündin nicht mehr von der Stelle. Er verprügelte sie. Es half nichts. Sie rührte sich nicht vom Fleck. Es blieb ihm nichts anderes übrig, als dort, wo sie waren, zu kampieren.

Während er schlief, richtete der angekohlte Feuerstock sich auf und verwandelte sich in einen Zeltpfeiler.

Die Yakhaardecke verwandelte sich in ein Yakhaarzelt.

Der dürre, junge Yak verwandelte sich in Tiere aller Arten, welche die Berge und die Ebenen füllten.

Der Mönch war nicht wenig erstaunt. Konnte er doch jetzt ein riesengroßes Anwesen sein eigen nennen.

Nur die Hündin, schade, die Hündin blieb was sie war, eine Hündin.

Von nun an bewirtschafteten er und die Hündin das Anwesen.

Bemerkenswert war, daß jederlei Arbeit, die die Hündin verrichtete, ihr aufs beste gelang.

Ging sie als Viehhirtin in die Berge, verlor sie auch nicht ein Tier. Blieb sie im Haus, kochte sie die köstlichsten Speisen. Alles, was sie anpackte, gelang.

Sie hatten mehr als genug zu essen. Sie hatten alle Reichtümer, die das Herz begehrt. Doch schade, die Hündin war und blieb eine kleine, gescheckte Hündin.

»Diese Hündin ist ein gar wundersames Wesen«,

dachte der Mönch. »Ich möchte wissen, was das auf sich hat! Sie ist in allem so großartig! Wenn sie nur keine Hündin wäre! Sie ist eine Schande für mein Haus!«

Eines Tages gab er vor, mit den Tieren in die Berge zu gehen. Er ging ein Stück weit, kam zurück, versteckte sich hinter einem Stapel Sachen und beobachtete sie. Er sah, wie sie ihr Hundekleid ablegte und sich an die Arbeit begab.

Dem Mönch verschlug es den Atem. Sie war das schönste Wesen, daß er jemals auf dieser Welt gesehen:

> Ihr Antlitz glich einer Blume.
> Ihre Gestalt glich einem Bambuspfeil.
> Ihre Haare glichen einem frisch gekämmten
> Yakschwanz.

»Ich muß dieses Hundefell verbrennen!« dachte der Mönch.

Er wartete ab, bis sie sich weit genug entfernt hatte, sprang vor, erhaschte das Hundefell, schmiß es ins Feuer und ging sodann, seinen Tieren nach, in die Berge.

Als er des Abends zurückkehrte, fand er sie in ihrer schönen Gestalt vor.

Sie stellte ihn zur Rede: »Was hast du mit meinem Hundefell gemacht? Was hast du mit ihm gemacht?«

»Ich habe kein Hundefell gesehen!« log er.

»Was hast du mit ihm gemacht? Warum hast du das getan?«

»Ich weiß von nichts! Ich habe nichts gesehen!«

»Du hast mein Hundekleid vernichtet! Das war das

Dümmste, was du tun konntest! Bald werde ich dir nicht mehr gehören! Der König wird kommen und mich als seine Braut fordern! Ist es das, was du wolltest? Hättest du das Hundekleid nicht vernichtet, hätten wir das ganze Leben lang friedlich beisammen bleiben können! Ich wäre deine Braut geworden! Das kann nun nicht mehr sein. Der König wird mich mitnehmen!«

Kleinmütig bekannte der Mönch: »Ich habe dein Hundekleid ins Feuer geworfen! Doch ich will dich nicht verlieren! Gibt es einen Weg, das Unheil abzuwenden? Ich will alles tun, was du von mir verlangst! Ich will, daß du bei mir bleiben kannst! Ich will dich nicht verlieren!« Und dabei heulte und schluchzte er.

»Ob du nun heulst oder nicht«, sprach sie, »es bleibt sich gleich. Ich werde dich verlassen müssen!«

»Was in aller Welt können wir tun, daß das nicht geschieht? Ich tue alles, was du von mir verlangst!« schluchzte er.

»Gut, von heute an, bringe mir auch nicht einen einzigen Reisenden mit ins Haus! Nicht einmal jemanden, so groß wie eine Ratte bringe mir her! Komme mir nicht und sage: ›Dies ist mein bester Freund! Dies ist ein weiser Mann, erhebend ist es, mit ihm zu sprechen!‹ Niemand darf von nun an unser Haus betreten; nur dann haben wir die Chance, in Frieden zu leben!«

Der Mann erklärte sich einverstanden. Für eine Weile war er bestrebt, nach ihren Wünschen zu handeln. Doch der Stolz und die Freude darüber, daß er solch eine Schönheit zur Frau erlangt hatte, ließen ihn nicht los. Allzugerne hätte er sie aller Welt gezeigt.

Und schließlich dachte er: »Was soll schon passieren! Den König und sein Gefolge will ich zu Gast bitten. Sie sollen sehen, was für eine Frau ich habe, in welch einem Reichtum ich lebe!«

Seiner Frau sagte er so nebenbei: »Irgendwann einmal werde ich den König mit seinem Gefolge einladen!«

Seine Frau war entsetzt. »Das tust du nicht! Es ist das Dümmste, was du tun kannst! Sie werden mich fordern! Sie werden mich mitnehmen!«

»Ach, du wirst schon nicht gehen müssen!« sprach er.

Es vergingen Tage. Es vergingen Wochen. Immer wieder sagte er: »Wir wollen den König einladen! Er soll sehen, in welch einem Reichtum ich lebe!«

Schließlich gab sie nach und sprach:

»Da du es nicht anders willst, lade ihn also ein!«

Der Mann lud den König mit seinem gesamten Gefolge zu Gast.

Die Schöne beschmierte sich ihr Gesicht mit Herdruß und mit dem Ruß von Tonkochtöpfen. Sie machte sich so häßlich wie nur möglich. Wie eine Dämonin wollte sie aussehen.

Der König und seine Leute fielen in Horden ein ...

In einem fort rief der Gastgeber seiner Frau zu:

»Lauf! Lauf! Mache dies, mache das! Lauf ins Haus! Lauf zur Tür! Schenke Tee ein! Biete Essen an! Lauf! Lauf! Schenke hier Tchang ein! Schenke dort Arrak ein!«

Die Frau rannte atemlos. Schweiß trat ihr aus den Poren. Schweiß rann ihr in Strömen über das Gesicht. Der Ruß löste sich. Das Weiße und Rote ihrer zarten

Haut wurde sichtbar. Schließlich trat die volle Schönheit ihres Antlitzes zutage.

Der König sprach: »Deine Frau, ich will sie haben! Du hast sie herzugeben! Kein Weg geht daran vorbei! Sie wird die Königin des Landes werden!«

Am späten Abend, als sie alleine waren, ließ er seiner Verzweiflung freien Lauf. Er heulte und schluchzte, strampelte vor Wut, krümmte sich vor Verzweiflung und wimmerte: »Er hat gesagt, er will dich haben! Er wird dich holen! Du wirst mich verlassen!« Der Schmerz schien ihn zerreißen zu wollen. Er fiel zu Boden, als wolle er sterben.

»Da ist nichts zu machen«, sprach sie, »du hast es nicht anders gewollt! Zuerst hast du mein Hundekleid ins Feuer geworfen! Dann hast du Gäste ins Haus geholt, obwohl ich dich gebeten habe, niemanden einzuladen! Du hast nicht auf mich gehört! Es gibt keinen Ausweg! Du wirst nun alleine leben müssen!«

»Dann werde ich sterben!« verkündete er und wälzte sich erneut in Schmerz.

Am folgenden Tag kam der König und sprach: »Heute oder morgen hast du mir deine Frau zu bringen! Ich verlasse mich darauf!«

»Ich werde sie Euch nicht bringen!« antwortete der Ehemann.

»Da du sie nicht freiwillig hergeben willst, so laß uns um sie einen Wettkampf austragen! Wir werden den Berg hinter dem Königshaus um die Wette mit Seidentüchern einwickeln. Wer den größeren Teil des Berges zu umwickeln fähig ist, der soll sie zur Braut gewinnen!«

Der Mann ging zu seiner Frau und berichtete: »Der

König fordert, daß wir im Wettstreit den Berg hinter dem Königshaus mit Seide umwickeln! Wer gewinnt, der soll dich zur Braut erlangen. Was sollen wir tun? Wir haben keine Seide! Sag, was können wir tun?«

»Jetzt kommst du und hoffst, daß ich dir aus der Klemme helfe! Ich weiß nicht, woher wir so viele Seidentücher nehmen sollen! Ich werde dich wohl verlassen müssen!«

»Du weißt immer einen Rat! Bitte sag, was können wir tun?«

»Na gut«, sprach sie, »geh zu meiner Familie! Sag: ›Leiht mir die größere von den Seidenkisten!‹ Bring die Kiste her!«

Er ging zu der Familie der kleinen Hündin und sprach:

»Leiht mir die größere der Seidenkisten!« Er erhielt sie.

Er begab sich schnurstracks zu dem Berg hinter dem Königshaus.

Er öffnete die Kiste. In der Kiste war eine kleinere Kiste. Er öffnete auch diese. Was er sah, enttäuschte ihn. »Das bißchen Seide wird nicht ausreichen, auch nur ein kleines Fleckchen des riesigen Berges zu bedekken«, dachte er. Außerdem gewahrte er, daß der König bereits den Bergkopf vollständig umwickelt hatte. Seufzend begann er dennoch mit dem Umwickeln des Berges. Oh Wunder, kaum hatte er begonnen und schon war der ganze Berg mit Seide umspannt. Er hatte gewonnen.

Der König forderte einen weiteren Wettkampf.

»Wir werden einen Sack voll Gerste ausstreuen«, sprach er. »Wer alles, bis auf das letzte Korn, wieder aufzulesen vermag, der soll die Braut erhalten! Ohne einen fairen Wettkampf werden wir uns der Braut nicht bemächtigen!«

Der Ehemann eilte zurück zu seiner Frau.

»Ein Sack voll Gerste soll auf dem Boden verstreut werden! Um die Wette sollen wir die Körner auflesen! Kein Korn darf auf dem Boden zurückbleiben! Der Sack darf nicht mehr und nicht weniger enthalten als vorher! Wer das als erster fertigbringt, der soll dich zur Braut bekommen! So will es der König! Was soll ich tun? Bitte sage, was ich tun soll! Du weißt stets einen Rat!«

»Nun kommst du und willst, daß ich dir aus der Klemme helfe! Ich weiß keinen Rat! Ich werde dich wohl verlassen müssen!« antwortete sie.

Wieder heulte er. Wieder schluchzte er. Wieder wälzte er sich vor Verzweiflung am Boden. Wieder wimmerte er: »Es darf nicht geschehen, daß du mich verlassen mußt! Was können wir tun? Bitte!«

»Nun gut«, seufzte sie, »geh zu meiner Familie! Gib die Seidenkiste zurück! Sag: ›Leiht mir den größeren der Vogelkäfige, den mit den kleinen Vögelchen!‹ Bring ihn her!«

Er begab sich zur Familie der kleinen Hündin. Er gab die Seidenkiste zurück und sprach: »Leiht mir den größeren der Vogelkäfige, den mit den kleinen Vögelchen!«

Er erhielt den Käfig und begab sich sogleich zum Wettkampfplatz. Der König hatte bereits alle Kinder seiner Untertanen angewiesen, die verstreuten Gerstenkörner aufzulesen. Eifrig waren die Kinder bemüht, seinen Befehl auszuführen.

Der Ehemann öffnete den Vogelkäfig. Die Vögelchen schwärmten aus und hatten im Nu alle Körner aufgepickt. In dem Sack war nicht mehr und nicht weniger als zuvor. Kein einziges Korn blieb auf der Erde zurück. Des Königs Sack war nicht einmal bis zu den Sackgriffen gefüllt. Er hatte gewonnen.

Der König forderte einen weiteren Wettkampf. Er sprach:

»Heute, beim Körnerauflesen, hast du gewonnen. Doch morgen wollen wir zwei Yakbullen miteinander kämpfen lassen! Wessen Yakbulle gewinnt, der soll die Braut erlangen! Ohne einen fairen Wettkampf werden wir uns der Braut nicht bemächtigen!«

Der Ehemann eilte zurück zu seiner Frau.

»Der König befiehlt, Yakbullen miteinander kämpfen zu lassen! Wessen Yakbulle gewinnt, der soll dich als Braut erlangen! Wir aber, wir haben keinen Yakbullen! Was sollen wir tun? Sag, was wir tun können! Sicher weißt du einen Rat!«

»Ich weiß wirklich keinen Rat«, sprach sie. »Ich kann nichts für dich tun! Warum hast du den König auch eingeladen? Ich weiß keinen Ausweg! Ich werde dich wohl verlassen müssen!«

Wieder heulte und schluchzte er. Wieder wälzte er sich in Schmerz. Wieder und wieder erbat er ihre Hilfe.

»Also gut«, seufzte sie, »geh zu meiner Familie! Gib den Vogelkäfig zurück! Sag: ›Leiht mir den größeren der Kälberkästen!‹ Bring ihn her!«

Er ging zu der Familie der kleinen Hündin. Er brachte den Vogelkäfig zurück und sprach: »Leiht mir den größeren der Kälberkästen!«

Er erhielt den Kälberkasten und begab sich damit schnurstracks zum Kampfplatz.

Doch was sah er dort! Der König hatte nicht einen Yakbullen, sondern einen Wildyak in die Arena geführt! Welcher Yakbulle wollte es mit einem Wildyak aufnehmen?!

Als der Ehemann den Kälberkasten öffnete, da stolperte ein erbärmlich hagerer, junger Yak heraus.

Der König dachte bei sich: »Leicht wird der Kampf heute werden! Dieses Kälbchen wird im Nu erledigt sein.« Er freute sich.

Als sie dann aber den Wildyak und das erbärmlich hagere Kälbchen aufeinander losließen, da entwickelte der Kleine unermeßliche Kräfte. Es dauerte nicht lange, und der Wildyak war besiegt.

»Ja«, sprach der König, »mein Wildyak war nicht erfolgreich. Du hast gewonnen! Dir gehört die Braut!«

Der Ehemann ging heim und lebte eine Weile in Frieden.

Eines Tages hielten sich Leute des Königs in der Nähe auf. Sie waren auf einer Handelsreise.

Seine Frau sprach zu ihm: »Untersteh dich, zu diesen Leuten hinzugehen! Sie werden einen Grund finden, mich zu fordern und mitzunehmen! Geh nicht hin!«

Der Mann beugte sich ihren Wünschen und blieb im Haus.

Nach einiger Zeit kamen wieder Leute des Königs, um in der Gegend Handel zu treiben. Der Mann konnte sich nicht mehr beherrschen und ging hin. Er wickelte ein paar Geschäfte ab und half Teekisten und Kornsäcke von den Yaks abladen. »Potchop Palama«, rief er und hievte sich einen Sack auf den Rücken.

Da riefen die Leute des Königs: »›Potchop‹, hast du gesagt?! Kein Mensch kennt dich hier! ›Potchop Palama‹, zu wem hast du so gesprochen? So hieß der Vater unseres Königs! Kein Jahr ist vergangen, seit er starb! Wer bist du? Woher kommst du? Gib uns den Vater zurück! Solltest du Potchop Palama nicht unverzüglich herbringen, wirst du etwas erleben! Deine Braut werden wir dir entreißen! Und nicht nur das, wir werden dich töten!«

Sie verprügelten ihn nach Strich und Faden.

Der Ehemann eilte zurück zu seiner Frau und sprach:

»In die Maschen des Gesetzes bin ich geraten! Heute beim Kornhochliften habe ich wie immer ›Potchop Palama‹ gerufen. Sie haben mich verprügelt. Sie sagten, der Vater des Königs habe so geheißen. Kein Jahr sei vergangen, da er starb. Sie verlangen, daß ich ihn zurückgebe! Wenn ich ihn nicht zurückbringe, wollen sie dich mir entreißen! Sie wollen mich töten! Was kann ich tun? Bitte sage, was wir tun können!«

»Da ist guter Rat teuer!« sprach sie. »Ich weiß wirklich keinen Ausweg! Ich werde dich wohl verlassen müssen!«

Wieder weinte und schluchzte er. Wieder wälzte er sich im Schmerz. Wieder und wieder flehte er sie an zu helfen.

Schließlich erbarmte sie sich und sprach:

»Geh zu meiner Familie und gib den Kälberkasten zurück! Sag: ›Leiht mir den Kriegerkasten!‹ Bring ihn her, doch untersteh dich, unterwegs hineinzuschauen!«

Er begab sich zur Familie der kleinen Hündin, gab

den Kälberkasten zurück und sprach: »Leiht mir den Kriegerkasten!«

Er erhielt den Kriegerkasten und begab sich auf den Rückweg.

Unterwegs ruhte er sich auf einer Felsenplatte ein wenig aus. Da hörte er es in dem Kasten rumoren. Alle nur möglichen Geräusche drangen an sein Ohr: Poltern, Klappern, Rasseln, Surren, Sausen, Brausen, Knallen, Klopfen, Hämmern, Klingeln, Bimmeln ... »Was wohl in der Kiste sein mag?« fragte er sich. »Nur ein klein wenig will ich sie öffnen und einen Blick hineinwerfen! Sie hat mir zwar verboten hineinzuschauen, doch sie braucht es nicht zu erfahren. Außerdem ist hier weit und breit kein Mensch; sie wird es nicht erfahren!« dachte er.

Vorsichtig öffnete er den Kasten. Huii ..., daumenkopfgroße Krieger mit Bolzenhammern, Zangen, Messern und Gewehren kamen herausmarschiert. Es waren Tausend- und Zehntausendschaften winzig kleiner Krieger!

»Wen sollen wir schlagen? Wen sollen wir schlagen?« schrien sie, bereit, mit ihren gefährlichen Waffen zuzuschlagen. Sie waren nahe daran, sich auf ihn zu stürzen.

Er war verdutzt und wußte nichts zu sagen. Doch dann, im Angesicht des Todes, schrie er: »Schlagt den Felsen! Schlagt den Felsen!«

Sie schlugen derart auf den Felsen ein, daß binnen kurzem nur eine dunkle Staubwolke von ihm übrig blieb.

Verzweifelt, aber geistesgegenwärtig, rief er: »Geht zurück! Geht zurück!«

Quirlig flink, in Reih und Glied, huschten sie in den Kasten zurück.

Schnell verschloß er den Kasten und ging damit heim.

Seine Frau fragte: »Hast du in den Kasten geschaut?«

»Mitnichten«, log er.

»Gut«, sprach sie, »gehe morgen früh zum König und sage: ›Versammelt alle Eure Untertanen! Ich werde Euch Euren Vater Potchop Palama zurückgeben!‹«

Er ging zum König und sprach: »Versammelt alle Eure Untertanen! Ich werde Euch Euren Vater Potchop Palama zurückgeben! Wir wollen einen Festakt daraus machen!«

Der König dachte: »Dieser Mensch ist recht ungewöhnlich, sicherlich wird es ein wunderliches Spektakel geben.«

Er versammelte alle seine Untertanen und achtete darauf, daß alle hohen Würdenträger und alle Mächtigen des Landes der Einladung folgten. Der König sprach: »Heute ist ein besonderer Tag! Nehmt bitte in der vorgeschriebenen Sitzfolge Platz!«

Als sich alle wohlgeordnet, in langen Sitzreihen, niedergelassen hatten, öffnete der Ehemann seinen Kasten. Herausmarschiert kamen Tausend- und Zehntausendschaften daumenkopfgroßer Krieger, bewaffnet mit Eisenbolzhammern.

»Wen sollen wir vernichten?« riefen sie.

Da befahl er: »Schlagt den König! Schlagt die Königin! Schlagt die Minister, die Fürsten, die Lamas! Schlagt alle!«

Der König, die Königin, die Minister, die Fürsten,

alle wurden zermalmt. Alles, was Rang und Namen hat, wurde getötet.

Als er sah, daß alle Großen dieser Welt vernichtet waren, da rief er: »Geht zurück! Geht zurück!«

Quirlig flink, in Reih und Glied, huschten die kleinen Krieger in den Kasten zurück.

Der Ehemann verschloß ihn gut und eilte zu seiner Frau.

Voller Stolz berichtete er: »Ich habe den König getötet! Ich habe die Königin getötet! Ich habe die Minister getötet! Ich habe alle, alle getötet!«

»Oh, du Unheilstifter«, stöhnte die Frau, »das ganze Leben lang hast du mir nichts als Ärger und Kummer bereitet! Nur Bosheiten und Schlechtigkeiten hattest du im Sinn! Doch immerhin haben wir nun das Königreich erlangt!«

»Ja«, sprach der Ehemann, »von nun an regieren wir das Königreich! Einen göttlicheren und größeren Tag als den heutigen kann es nicht geben!«

Von nun an lebten sie in Frieden.

Glück und Freude waren dem Himmel gleich.

Die Sorgenblätter wurden mit den Wassern hinfortgetragen.

Arrak und Butteröl tropften, tropften, tropften.

Buttermilch und Molke flossen in Strömen ...

Das war's, ihr Brüder und Schwestern!

Sabi-Chanum

Es lebte einst ein Padischah. Der vertraute eines Tages Thron und Haus seinem Wesir an, er selber aber ging unter die Soldaten.

Da trat eines Abends der Wesir in die Gemächer der Tochter des Padischah und sagte: »Du sollst dein Lager mit mir teilen.«

»Wesir, du vertrittst mir doch den Vater«, sagte sie erschrocken, »wie kann ich mit dir das Lager teilen, und was werden die Leute von der Tochter des Padischah sagen?«

»Entweder du teilst mit mir das Lager, oder ich töte dich«, beharrte der Wesir.

»Wenn es so ist«, sprach Sabi-Chanum, »so will ich dich zuerst baden.«

Sie erhitzte das Wasser und führte den Wesir zum Bade, sie seifte ihm gehörig den Kopf ein. Der Schaum begann dem Wesir in die Augen zu beißen, da schwang Sabi-Chanum ein Beil und schlug ihn damit zwischen die Augen. Der Wesir stürzte zu Boden. Sabi-Chanum verließ die Stadt. Der Wesir kam zu sich – und siehe da: Weder das Bad noch der Trog sind da. Und niemand weiß, in welche Richtung Sabi-Chanum verschwunden war. Da machte sich der Wesir auf den Weg, auf die Suche nach Sabi-Chanum.

Unterdessen aber gelangte Sabi-Chanum in einen dichten Wald, und sie lebte darin einige Tage.

Da ging zufällig der Padischah jener Gegend auf die

Jagd, der erblickte im Wald das Mädchen, sie gefiel ihm sogleich, und er nahm sie mit sich in seinen Palast. Der Padischah aber hatte neununddreißig Frauen, und alle hießen Sabi-Chanum. Nach einigen Tagen sprach Sabi-Chanum zu den Frauen des Padischah: »Wenn ihr mir gehorcht, so werde ich euch aus der Gefangenschaft befreien.«

Die Frauen willigten ein.

Da ging Sabi-Chanum zum Padischah und sprach zu ihm: »O großer Padischah, du bist Herrscher über vierzig Frauen. Du hältst uns in Gefangenschaft. Befiehl, Zelte aufzuschlagen, am Meeresufer sollst du mit uns die Zeit in Lust und Fröhlichkeit verbringen.«

Der Schah gehorchte und ließ am Meer Zelte aufschlagen, und man baute für die Frauen des Schah ein Boot mit vierzig Plätzen. Einen ganzen Monat lang vergnügte sich der Padischah mit seinen Frauen. Unterdessen lernte Sabi-Chanum rudern. Da sagte sie einmal zu dem Bootsmann: »Du bist heute frei, du kannst in die Stadt gehen, statt deiner werde ich rudern.«

Sabi-Chanum setzte sich mit den Frauen des Padischah in das Boot, und sie fuhren los. Als sie sich etwas weiter vom Ufer entfernt hatten, sagten sie dem Padischah Lebewohl. So gelangten sie ans andere Ufer. Sabi-Chanum zerschlug das Boot in Späne, warf sie ins Meer, sie aber gingen in die Berge. Den Weg versperrten ihnen die vierzig Räuber Ali-baši. Jeder von ihnen nahm sich eine Frau.

Da hielt Sabi-Chanum sie auf. »Ali-baši, Gott gefiel es, daß wir die Euren wurden, doch wie es sich für Menschen ziemt, geht und holt Wein, schlachtet Schafe, laßt uns Hochzeit feiern.«

Sabi-Chanum aber befahl unterdessen den Mädchen: »Auf keinen Fall Wein trinken, sondern so viel wie möglich sie trunken machen.«

Da machten sie die Räuber betrunken, und alle fielen wie tot um. Sabi-Chanum entkleidete Ali-baši, gab jeder Frau ein Gewehr, dann setzten sie sich auf die Pferde und machten sich auf den Weg. Sabi-Chanum schickte die Frauen nach Hause, sie selber aber setzte ihren Weg fort. Endlich gelangte sie auf die Ebene, dort weidete eine Herde. Als der Hirt das schöne Mädchen erblickte, dachte er: Ei, Gott hat sie mir geschickt, ich will sie heiraten. Er bereitete auf der Erde ein Lager und schlug ihr vor, sich neben ihn zu setzen.

Das Mädchen sah, daß der Hirt keine guten Absichten hatte, und sagte: »Hirt, nicht so eilig, ich bin auch so die Deine, geh lieber und hole zwei, drei Frauen, und die sollen mich in dein Haus führen, ich will unterdessen deine Schafe hüten.«

Da freute sich der Hirt, und er lief so schnell ihn seine Füße tragen konnten ins Dorf. Das Dorf aber war weit, bis er zurückgekehrt war, konnte das Mädchen verschwinden.

Das Mädchen gelangte in eine unbekannte Stadt. Zu jener Zeit ging der Sohn des Padischah die Straße entlang, erblickte Sabi-Chanum und verliebte sich in sie nicht eines Herzens, sondern tausendfachen Herzens. Auch Sabi-Chanum gefiel der Bursche. Und so feierten sie Hochzeit. Unterdessen hatten sich der Vater Sabi-Chanums, der Wesir, der Padischah der vierzig Frauen, die Ali-baši und der Hirt auf die Suche nach Sabi-Chanum gemacht. Sabi-Chanum ließ an einer Wegkreuzung eine marmorne Quelle bauen und darüber ihr Bild aufhängen. Sie stellte zwei Wachen auf und befahl ihnen aufzupassen: »Wer Wasser trinkt und dabei mein Bild erblickt und seufzt, den bringt unverzüglich in den Palast.«

Da gelangte der Wesir an die Quelle, trank Wasser daraus, erblickte das Bild Sabi-Chanums und seufzte tief auf. Sogleich ergriffen die Wachen den Wesir und schleppten ihn in den Palast zu Sabi-Chanum.

Sie erkannte den Wesir ihres Vaters und ließ ihn in den Keller werfen. Und so kamen auch der Padischah, die Ali-baši, der Hirt und der Vater des Mädchens in den Keller. Da beschloß sie, Gericht über sie zu halten.

Als erster wurde der Wesir vorgeladen. »Wesir, weshalb seufztest du, als du das Bild des Mädchens erblicktest?«

Und der Wesir mußte die ganze Wahrheit von Anfang bis Ende erzählen. »Und so gelang dir nicht, irgend etwas mit ihr anzustellen?« fragte Sabi-Chanum.

»Nein, bei Gott, sie ist mir wie eine Schwester oder Mutter.«

Dann kam die Reihe an den Padischah der vierzig Frauen. Auch er erzählte von Anfang bis Ende. Die Ali-baši und der Hirt erzählten ebenso ihre Geschichte. Das hörte der Padischah, der Mann Sabi-Chanums, alles an und befahl: »Dem Wesir und dem Padischah soll man den Kopf abschlagen, den Ali-baši beide Hände, den Hirten aber soll man laufenlassen.«

Da erkannte der Vater seine Tochter, und ihr Glück war ohne Ende.

So wie sich ihr Wunsch erfüllte, so soll auch euer Wünschen in Erfüllung gehen.

Die Feenmaid

Es war einmal, es war keinmal. Einstens lebte in einem Dorf eine Bauersfrau. Jeden Tag ging ein Jüngling an ihrem Haus vorbei, sah, daß sie eine Schale Milch auf die Gasse goß, und wunderte sich darüber. Als er nun wieder eines Morgens beobachtete, wie sie eine große Schale Milch wegschüttete, konnte er seine Neugierde nicht bezähmen und redete sie an:

»Was gießt du denn da aus?« Die Frau trat hinter das Haustor; ohne dem jungen Mann ins Gesicht zu schauen, antwortete sie ihm: »Na, was wohl? Das Wasser, mit dem sich meine Tochter die Hände gewaschen hat.«

Über diese Antwort war der Jüngling sehr erstaunt. Er beugte sich zu Boden, um die im Graben angesammelte Flüssigkeit genau zu prüfen, und sah, daß es nichts anderes war als reine Milch. Sogleich richtete er sich auf und lief, so schnell er konnte, nach Hause:

»Mutter, so hör doch!« rief er. »Dort in dem Dorf wohnt eine Bauersfrau. Immer, wenn ich vorbeigehe, schüttet sie Milch auf die Straße. Heute fragte ich sie, was sie denn da ausgieße. Sie erwiderte mir: ›Das Wasser, mit dem sich meine Tochter die Hände gewaschen hat.‹ Ich sah genau hin – es ist ganz reine Milch. Wenn das Wasser, mit dem sie sich die Hände wäscht, zu reiner weißer Milch wird, wie schön muß da doch dieses Mädchen sein.«

»Na, mein Sohn, so etwas ist doch nicht möglich«,

entgegnete ihm seine Mutter. Doch der Jüngling beharrte auf seiner Meinung:

»Was ich gesehen habe, war wirklich Milch, Mutter. Du weißt doch, daß ich nicht die Angewohnheit habe zu lügen.«

»Also gut«, sagte die Frau, »aber was haben wir damit zu tun?«

»Was wir damit zu tun haben, liebe Mutter? Hast du nicht erst neulich gesagt, es sei an der Zeit, daß ich heirate, ein Heim gründe und Kinder habe, denn kein größeres Glück gäbe es auf dieser Welt. Diese Gelegenheit wollen wir nicht verpassen. Bitte die Bäuerin, daß sie mir ihre Tochter zur Frau gibt.«

Die Bäuerin besaß aber gar keine Kinder, denn sie war noch unverheiratet. Sie hatte nur ihren Spaß mit dem Jüngling getrieben. Die Mutter des Burschen begab sich, um das Mädchen zu sehen, ins Haus der Bauersfrau. Die ließ sich nichts anmerken. »Meine Tochter ist krank«, sagte sie, »sie muß das Bett hüten. Doch wozu braucht Ihr sie zu sehen? Sie ist sehr schön und äußerst fleißig. Sie kann nur ungesehen die Braut Eures Sohnes werden; ich denke nicht daran, sie herzuzeigen.«

Die Mutter des Jünglings schenkte den Worten der Bäuerin Glauben. Sie überlegte, daß ein Mädchen, dessen Händewaschwasser zu weißer Milch wurde, eine große Schönheit sein müsse, und machte daher mit der Bauersfrau die Heirat ab. Sie kehrte nach Hause zurück. Ohne Aufschub wurde mit den Vorbereitungen für die Hochzeit begonnen, und am Hochzeitstag schickte man eine Kutsche ins Haus der Bäuerin, um die Braut abzuholen.

Als die Bauersfrau den Brautwagen vorfahren sah, erschrak sie. Was sollte sie tun? Wen würde sie als Braut in den Wagen setzen?

Während sie auf einen Ausweg sann, hatte sie plötzlich einen Einfall. Rasch ging sie in die Küche, füllte einen Kessel voll mit Mehl, vermischte es mit Wasser, knetete einen Teig und formte daraus eine menschliche Gestalt. Sie stellte sie zum Trocknen auf, reinigte sich dann gründlich die Hände und ging hinauf in ihr Zimmer, um sich anzukleiden. Als sie schön zurechtgemacht und herausgeputzt wieder nach unten kam, sah sie, daß die Teigpuppe genügend getrocknet war. Sie hob sie hoch und trug sie in ein Zimmer, wo sie ihr ein Brautkleid überzog und die Brautkrone auf den Kopf setzte. Zufrieden stellte sie fest, daß die Teigbraut sich in nichts von einer wirklichen unterschied, und bestieg mit ihr die vor der Türe wartende Kutsche. Der Wagen fuhr sogleich an. Während der Fahrt zermarterte sich die Bäuerin das Hirn, wen sie dem Bräutigam als Braut zuführen sollte? Unweigerlich würde nun die Wahrheit ans Licht kommen, und wie stünde sie dann da! Wie sie sich das alles so durch den Kopf gehen ließ, fuhr der Wagen an einem großen See entlang. Als sie sah, daß das Wasser sehr tief war, kam ihr ein Gedanke. Sie zog der Teigbraut die Kleider aus und warf die Puppe in den See, ohne daß es der Kutscher bemerkte. Gleich danach schrie sie:

»Oh weh! Oh weh! Meine Tochter ist in den See gefallen!«

Der Wagen hielt an. Alles versammelte sich um die Bäuerin, die in einem fort weinte und klagte. Schnell gelangte die Kunde, daß die Braut in den See gefallen sei, auch ins Hochzeitshaus.

Diese schlechte Nachricht betrübte den Jüngling sehr. Gemeinsam mit seinen Freunden eilte er zum See. Sie bauten ein Floß aus einem Baumstamm, borgten sich von den Fischern die Netze und fuhren weit auf den See hinaus, um sie dort auszuwerfen.

Um diese Zeit spielten am Grunde des Sees drei Feenmädchen mit einem Ball. Als sie die Fischernetze herunterschweben sahen, sagten sie:

»Wie die Welt wohl aussehen mag? Wenn an Stelle von Fischen wir uns in diesen Netzen fangen ließen, ob wir dann hinaufkommen?«

Während sie sich noch so unterhielten, kamen die Netze ihnen so nahe, daß sie sie streiften. Die Jüngste meinte:

»Ich halte mich an diesem Netz fest und schwimme hinauf in die Welt. Lebt wohl!« Sie griff nach dem nächsten Fischernetz und wurde von den Burschen, die das Gewicht spürten, nach oben gezogen.

Wie nun ein Mädchen, schön wie der Mond am Vierzehnten, über der Wasseroberfläche auftauchte, schrie die Bauersfrau:

»Da ist ja meine Tochter!«

Das Feenmädchen wurde in die Kutsche gesetzt. Die Bäuerin schmückte sie sogleich mit Brautkleid und Brautkrone. Sie atmete erleichtert auf, denn dieses Mädchen, das aus dem See gestiegen war, hatte sie vor einer Katastrophe bewahrt. Die Kutsche fuhr wieder weiter und gelangte bald darauf zum Hochzeitshaus, wo der Braut ein festlicher Empfang bereitet wurde. Vierzig Tage und vierzig Nächte feierte man Hochzeit.

Der Jüngling rief seine Frau, um sie zu necken, immer nur »Bauernmädel«. Die Feenmaid fühlte sich gekränkt, daß ihr Mann sie nicht bei ihrem Namen, sondern nur Bauernmädel nannte. Sie tat alles, was er von ihr verlangte, aber sie sprach kein einziges Wort mit ihm. Der Bursche sah, daß es so nicht weitergehen konnte. Was sollte er tun, um sie zum Reden zu bringen? Eines Tages sagte er im Scherz zu ihr:

»Ich sperre dich in ein Zimmer ein.«

Da tat die Feenmaid endlich den Mund auf: »Wenn du mich einsperren willst, tu es!« antwortete sie ihm. »Was einem bestimmt ist, muß man ertragen.«

Der Jüngling ärgerte sich über ihre Antwort und schloß sie in ein Zimmer ein. Von diesem Tag an besorgte das Hauswesen seine älteste Schwester. Die dachte eines Tages bei sich:

»Was das Bauernmädel wohl treibt? Ich will einmal nachschauen.«

Sie spähte durchs Schlüsselloch, um das Mädchen zu beobachten. Da sah sie die Feenmaid auf einem Kissen auf dem Boden sitzen und hörte sie sagten:

»Mein Feuer, brenn!«

Ein Klappern und Knistern war aus dem Zimmer zu vernehmen, und ein rotglühendes Kohlenbecken kam ganz von allein daher und blieb vor der Feenmaid stehen.

Während die älteste Schwester des Burschen voller Verwunderung zusah, rief die Feenmaid:

»Mein Öl, komm!«

Dieses Mal kam eine Pfanne voller Öl und hüpfte aufs Feuer. Kurz darauf begann das Öl zu sieden. Das Feenmädchen hielt beide Hände ins Öl und rief:

»Meine zehn Finger werdet zu Fischen und bratet!«

Alsgleich brutzelten in der Pfanne zehn Fische. Sobald sie gar waren, legte sie die Feenmaid auf einen Teller und schickte sie zu ihrem Mann, daß er sie zu Mittag verspeise. Die Schwester des Jünglings beneidete die Feenmaid um ihre Künste. »Was die kann, kann ich auch«, meinte sie bei sich und begab sich in die Küche.

»Mein Feuer, brenn!« befahl sie.

Aber nichts rührte sich. Also stand sie auf, entfachte das Feuer im Kohlenbecken und stellte es vor sich hin. Da das getan war, rief sie:

»Mein Öl, komm!«

Wieder rührte sich nichts. Sie erhob sich, goß Öl in eine Pfanne und setzte sie auf das Kohlenbecken. Nun tauchte sie ihre Finger in das siedende Öl und sprach dazu:

»Meine zehn Finger seid ein Fisch, gleich meinem Bruder auf den Tisch!«

Da verbrannte sie sich alle Finger und stürzte schreiend aus der Küche. Die Leute im Haus liefen zusammen und umringten sie. Sie erzählte, sie habe alles so machen wollen, wie das Bauernmädchen, dabei seien ihr aber die Hände verbrannt. Der Jüngling, den es sehr betrübte, daß die Hände seiner ältesten Schwester von tiefen Brandwunden entstellt waren, übertrug nun die Leitung der Hausarbeit seiner mittleren Schwester.

Die Feenmaid holte eines Tages Wasser aus dem Brunnen im Garten. Des Jünglings Schwester saß am Fenster und beobachtete sie. Der Fee entglitt der Eimer. Aber das regte sie gar nicht auf. Sie riß sich ein Haar aus und hängte es in den Brunnen. Das Haar wurde länger und länger und berührte den Brunnengrund. Dann begann das Feenmädchen an dem Haar zu ziehen und beförderte den Eimer wieder nach oben.

Die mittlere Schwester des Jünglings mißgönnte der Feenmaid ihre Fähigkeiten.

»Das kann ich auch«, dachte sie und ging hinunter in den Garten. Sie trat an den Brunnen und ließ den Eimer hineinfallen. Um ihn wieder hochzuziehen, hängte sie ein Haar, das sie sich ausriß, in die Brunnenöffnung. Aber das Haar wurde nicht länger. Nun steckte sie den Kopf hinein und beugte sich recht weit vor, damit ihre Haare bis auf den Grund reichten. Doch da löste sich ihr Fuß vom Boden, ihre Hände fanden keinen Halt, sie fiel vornüber in den Brunnen und ertrank.

Nach diesem Unglück, das seiner Schwester zugestoßen war, ging der Bursche zu seiner Frau und beklagte sich:

»Du bist schuld daran, daß die Finger meiner ältesten Schwester verbrannten. Nun ist auch meine mittlere Schwester ertrunken. Warum führst du dich so auf? Wenn du die Absicht hast zu sprechen, so sag etwas, sonst lasse ich dich nirgendwohin.«

»Wie du willst«, gab ihm die Feenmaid zur Antwort. Da sie kein weiteres Wort verlauten ließ, ging ihr Mann wieder. Aber er war sehr wütend auf sie. Nun mußte notgedrungen die jüngste Schwester die Haushaltsführung übernehmen.

Eines Tages war kein Brot mehr geblieben. Die jüngste Schwester ging im Haus auf und ab und redete vor sich hin:

»Was sollen wir nur machen, daß das Brot rechtzeitig fertig wird?« Diesen Worten entnahm die Feenmaid, daß alles Brot aufgegessen war. Sogleich krempelte sie die Ärmel auf und rief:

»Backofen, komm!«

Ein Poltern und Krachen, und dann stand mitten im Zimmer ein riesiger Backofen. Als die jüngste Schwester diesen Lärm hörte, wurde sie neugierig und beobachtete heimlich, was das Feenmädchen tat. Nun sagte die Fee:

»Mein Feuer, brenn!«

Gleich darauf loderte im Backofen das Feuer. Die Feenmaid warf einen Blick darauf, dann rief sie:

»Backtrog, komm hierher!«

Es klapperte auf dem Boden, und ein breiter Backtrog bewegte sich auf den Backofen zu und blieb vor ihm stehen. Die Fee zog schnell ihre Kleider aus und sprang in den Ofen. Mit ihren Haaren kehrte sie die Asche auf die eine, das Feuer auf die andere Seite und stieg dann wieder heraus. Sie nahm Teig aus dem Trog, formte daraus Brotlaibe und schob sie in den Ofen. Es wurden sehr viele Brote. Sobald sie knusprig braun gebacken waren, schickte sie sie zu ihrem Mann.

Die jüngste Schwester, die durch das Schlüsselloch alles mitangesehen hatte, war sehr neidisch auf das Feenmädchen. Sie sagte sich:

»Wenn mein Bruder jetzt erfährt, daß sie diese Brote so eins, zwei, drei hergezaubert hat, vergißt er alles Frühere und söhnt sich mit ihr aus. Dabei ging doch alles ganz von alleine. Ich kann es genauso wie sie.« Schleunigst lief sie in die Küche und rief:

»Mein Backofen, brenn! Mein Teig, sei geknetet!«

Aber weder brannte der Backofen, noch wurde der Teig geknetet. Sie ging zum Backofen hin und heizte ihn an. Dann gab sie Wasser zum Mehl im Trog und knetete den Teig. Anschließend stieg sie in den Ofen, um mit ihren Haaren die Asche nach der einen, die Glut nach der anderen Seite zu fegen. Kaum war sie im Ofen drinnen, verbrannte sie und wurde zu Kohle.

Der Verlust seiner jüngsten Schwester traf den Jüngling schwer. Er legte auch dieses Unglück seiner Frau zur Last und begab sich geradewegs zu ihr:

»Du bist schuld am Tode meiner Schwestern«, sagte er. »Was haben sie dir denn getan?«

Der junge Mann wußte nicht, daß seine Schwestern wegen ihres Neides ein so schreckliches Ende erlitten hatten. Da das Feenmädchen ihm keine Antwort gab, verließ er sie und trat hinaus auf die Gasse.

Nachdem ihr Mann gegangen war, rief die Fee:

»Ölkrug, Honigkrug, kommt herbei!«

Die zwei kleinen Krüge eilten vor die Feenmaid hin. Die sagte:

»Meine kleinen Krüge, ihr sollt euch jetzt auf den Markt begeben und vom Ölhändler Öl, vom Honigverkäufer Honig holen. Also, geht nur.«

Die beiden kleinen Krüge trippelten aus dem Zimmer. Sie traten aus dem offenen Haustor und machten sich auf den Weg. Bald überholten sie den Jüngling, der vor ihnen das Haus verlassen hatte. Der sah die beiden Krüge, die wie Menschen marschierten, staunte darüber nicht wenig und folgte ihnen neugierig nach.

Die Krüge wanderten weiter und weiter, der junge Mann blieb dicht hinter ihnen. Schließlich hielten sie auf dem Markt vor einem Laden an. Der Ölhändler füllte den einen von ihnen mit Öl. Daraufhin begaben sie sich zum Honigverkäufer. Der gab in den anderen Krug Honig. Nun machten sich die zwei Krüge auf den Rückweg. Der Jüngling ließ sie nicht aus den Augen. So trippelten sie bis nach Hause. Als sie beim Haustor hineingingen, stieß der Ölkrug beim Honigkrug an, so daß dessen Schnabel abbrach. Darüber begann der Honigkrug zu weinen:

»Da schau nur, was du angerichtet hast!« sagte er. »Ich werde es meiner Herrin sagen, sie soll dir auch den Schnabel abschlagen!«

»Bruder, ich hab' es doch nicht absichtlich getan. Wenn unsere Herrin zum Stock greift, sage ich zu ihr: ›Beim Kopf deines Mondvaters, deiner Sonnenmutter und deiner Sternengeschwister, schlag' mich nicht!‹ Dann rührt sie mich nicht an.«

Sie trippelten weiter, bis vor die Tür des Zimmers, in dem sich die Feenmaid aufhielt. Der junge Mann war ihnen bis hierher gefolgt. Der Honigkrug trat als erster ein, weinend klagte er:

»Meine Herrin, der Ölkrug hat mir die Lippe gespalten.«

Die Fee griff nach einem Stock; gerade als sie ihn auf den Ölkrug niedersausen lassen wollte, begann er flehentlich zu bitten:

»Feenmaid, schlag' mich nicht! Beim Kopf deines Mondvaters, deiner Sonnenmutter und deiner Sternengeschwister, schlag' mich nicht! Es geschah versehentlich ...«

Auf diese Worte hin legte die Fee den Stock aus der Hand. In diesem Augenblick betrat auch der junge Mann das Zimmer und sagte:

»Deinem Mondvater, deiner Sonnenmutter und deinen Sternengeschwistern zuliebe, sprich!«

Nun löste sich die Zunge der Feenmaid:

»Hast du mich je gefragt, woher ich komme, und wer ich bin?« sagte sie. »Als ›Bauernmädel‹ hast du mich verspottet. Selbst wenn ich ein Bauernmädchen wäre, müßtest du mich deshalb verhöhnen? Nie hast du mich was gefragt, darum war ich dir gram und habe nichts mit dir geredet.«

»Du warst im Recht«, entgegnete ihr der Jüngling. »Strafe muß sein. Ich bin bis zum heutigen Tag genügend bestraft worden. Nun ist alles wieder gut. Sag mir doch jetzt, wer du bist und woher du kommst?« Die Feenmaid begann zu erzählen:

»Wir sind drei Feenschwestern. Eines Tages spielten wir am Grunde des Sees Ball. Da schwebten Fischernetze hernieder. ›Wenn wir uns daran hängen und hochziehen lassen – ob die Welt droben über dem Wasser wohl schön ist?‹ fragten wir uns. Ich hielt mich an einem der Netze fest, sagte meinen Schwestern Lebewohl und schwamm nach oben. Eine Frau schrie: ›Da ist ja meine Tochter!‹ Sie setzte mich in die Kutsche und brachte mich hierher. Alles war schon für die Hochzeit gerichtet, und ich wurde deine Frau. Dann wolltest du mich als Bauernmädel verspotten. Das kränkte mich, und ich sprach kein Wort mehr. Außerdem hast du mich noch ungerechterweise in ein Zimmer eingesperrt!«

Die Eheleute versöhnten sich. Von da an verbrachten sie ihre Tage in Liebe und in Eintracht.

Sie lebten in Glück und Frieden, das gleiche sei euch beschieden.

Brüder und Freunde

Der Vater zweier Brüder war plötzlich gestorben, ohne ein Testament zu hinterlassen. Da bemächtigte sich einer der beiden Söhne, Kim, der gesamten Erbschaft, ohne seinem jüngeren Bruder Dê auch nur eine Strohhütte zu lassen.

Aber so hart er sich auch gegen seinen jüngeren Bruder zeigte, so dienstbar und freigebig war er seinen zahlreichen Freunden gegenüber. Er empfing sie mit großem Prunk und half ihnen bei allen Schwierigkeiten. Wenn einer von ihnen aus irgendeinem Grunde in Geldverlegenheit war, konnte er sicher sein, nicht vergeblich bei ihm anzuklopfen. Kim gab ihnen sogar mehr, als sie verlangten.

Seine Frau wunderte sich über sein Verhalten dem Bruder gegenüber. Barsch erwiderte er ihr, Dê sei alt genug, sich selbst ernähren zu können, während seine Freunde bedeutende, ihm tief ergebene Männer seien. Diese fadenscheinige Erklärung befriedigte die Frau freilich nicht. Sie blieb bei ihrer Meinung: »Brüder sind wie Glieder eines einzigen Körpers, während Freunde nichts weiter als liebenswürdige Selbstsüchtige oder schmarotzende Schmeichler sind, solange man sie nicht bei entscheidenden Gelegenheiten geprüft hat.«

Dê kannte die Gefühle seiner Schwägerin. Er kam auch oft zu seinem Bruder, selbst wenn keine Geburtstage oder Feste seine Besuche erforderten. Niemals zeigte er den geringsten Groll oder die geringste Bitterkeit gegen Kim; denn er wollte seine Schwägerin nicht betrüben. Sie wagte nicht, ihm ihre Hilfe anzubieten oder ihn offen zu verteidigen, aus Angst, seinen Stolz zu verletzen. Doch verzweifelte sie nicht: Eines Tages würde sie ihren Mann auf den richtigen Weg führen. Als Kim eines Abends nach Hause kam, fand er seine Frau weinend. Sie sagte:

»Eben hat ein junger Bettler an der Tür um ein Almosen gebeten. Da ich in der Küche beschäftigt war, rief ich ihm zu, er solle warten. Er sah das Haus leer, trat ein und versuchte zu stehlen. Da überraschte ich ihn und schlug auf ihn ein. In meiner Wut stieß ich ihn heftig zurück. Da fiel er gegen den Fuß des Bettes und verletzte sich am Kopf. Er war auf der Stelle tot. Ich wickelte ihn in eine Decke und schleppte ihn in den Garten.«

Kim war noch tiefer erschüttert als seine Frau. Er wußte nicht, was er tun sollte. Immer noch weinend, sprach seine Frau weiter:

»Wir haben kein gutes Verhältnis zum Mandarin. Wird er gelten lassen, daß ich es nicht mit Absicht tat? Wer weiß, wie streng er richten wird? Das bedeutet öffentliches Ärgernis und Verderben.«

Kim geriet in immer größere Verwirrung. Da redete sie ihm ein:

»Der Bettler ist tot. Unsere Verurteilung kann ihn nicht wieder lebendig machen. Wenn wir ihn in einem Versteck im Wald begraben könnten, würde niemand jemals etwas davon erfahren. Wähle deine treuesten Freunde aus, damit sie dir helfen. Sie schulden dir so viel. Keiner wird sich weigern, dir Dankbarkeit und Ergebenheit zu beweisen.«

Beruhigt und voller Hoffnung ging er zu dem Freund, der am nächsten bei ihm wohnte. Dieser trat an die Tür mit einem breiten Lächeln, das aber gleich erlosch, als er die ernste Miene Kims bemerkte. Kaum hatte Kim seinen Wunsch vorgetragen, da änderte der Freund sein Benehmen. Er drückte sein Bedauern aus: Er sei schon ziemlich alt und schwach und könne keine Last tragen. Er würde ihn nur behindern. Kim möge sich doch an jemanden wenden, der kräftiger sei als er.

Kim eilte zum nächsten Freund. Er wurde herzlich empfangen und eingeladen, eine Tasse Tee zu trinken. Der Gastgeber holte sogar Partner für ein Kartenspiel.

Kim begann zu sprechen, und alsbald beteuerte der Freund, es gehe ihm gar nicht gut. Er erinnerte sich plötzlich, daß seine Schwiegermutter sehr krank sei, und er zu ihr gehen müsse. Sein Unwohlsein habe diesen Besuch hinausgezögert.

Der dritte Freund, zu dem unser Unglücklicher Zuflucht nahm, war betroffen von Kims Miene und sagte ihm, bevor er noch den Mund geöffnet hatte:

»Welchen Kummer hast du? Sage es mir! Zwischen Freunden gibt es keine Geheimnisse.«

Kim sah sich schon gerettet. Er floß über vor Freude und Dankbarkeit und vertraute sich dem Freunde an. Aber leider hatte auch dieser einen zwingenden Grund, der es ihm nicht erlaubte, ihn zu begleiten. Das hindere ihn aber nicht, seine Sorgen zu teilen und ihn von ganzem Herzen zu bedauern.

Kim fühlte sich verloren. Beim nächsten Freund merkte er, daß diejenigen, die er zuerst besucht hatte, inzwischen Zeit gefunden hatten, die anderen zu benachrichtigen. Verzweifelt kehrte er nach Hause zurück.

Seine Frau gab ihm neue Hoffnung. Sie erinnerte ihn an das, was sie immer gesagt hatte und ermutigte ihn, an der richtigen Tür anzuklopfen.

»Du mußt zu Dê gehen! Beeile dich!«

Kim zögerte ein wenig; aber dann gehorchte er ihr willenlos. Er schleppte sich zur Strohhütte seines jüngsten Bruders. Der war überrascht, ihn zu sehen, zumal es schon sehr spät war. Erstaunt fragte er:

»Warum bist du so bleich? Was gibt es? Ist meine Schwägerin krank?«

Als er vernommen hatte, worum es sich handelte, zögerte Dê keine Sekunde und folgte seinem älteren Bruder.

»Meine Schwägerin hat recht«, sagte er. »Um das zu erledigen, braucht man zwei Männer.«

Als sie alles getan hatten, war Mitternacht schon lange vorbei. Kim war völlig erschöpft.

Am nächsten Morgen wurden Kim und seine Frau ersucht, sich sofort zum Mandarin zu begeben.

Dort fand Kim alle, die er in seiner Verwirrung um Hilfe gebeten hatte. In ihrer Gegenwart sagte der Mandarin streng zu dem Ehepaar:

»Ihr habt einen Bettler getötet und ihn heimlich begraben. Ihr habt sogar die Kühnheit besessen und versucht, diese ehrenwerten Bürger in eure Schuld hineinzuziehen. Glücklicherweise folgten sie nur der Stimme ihres Gewissens.«

Unterdessen erschien auch Dê, den man ebenfalls herbeibefohlen hatte. Die beiden Brüder verstanden schnell, daß ihre Denunzianten ihnen am vorigen Abend bis in den Wald gefolgt waren.

»Es ist nutzlos zu leugnen«, fuhr der Mandarin fort. »Wir begeben uns nun zum Tatort, um die Leiche auszugraben.« Man brach unverzüglich auf.

Aber welche Überraschung: Nachdem man das Grabtuch aufgerollt hatte, fand man den Kadaver eines dicken schwarzen Hundes.

Der Mandarin runzelte die Stirn, und die Ankläger konnten ihre Verwirrung nicht verbergen.

Kim und Dê wußten nicht, was sie von all dem halten sollten, doch ihre Freude über diesen Ausgang war groß. Nun bat die Frau Kims um Erlaubnis, alles erklären zu dürfen:

»Schon lange sann ich nach einem Mittel, wie meinem Gatten die Augen über die Welt und über seine Freunde im besonderen geöffnet werden könnten. Vor allem wollte ich ihm zeigen, daß die brüderlichen Bande tief und heilig sind. Der Tod des Hundes während der Abwesenheit Kims gab mir endlich eine Gelegenheit: Ich führte meinen Plan aus, alles war wohl bedacht, und so sind wir nun bis hierher geführt worden.«

Die falschen Freunde erhielten fünfzig Rutenstreiche. Und für Kim war die Lektion nicht vergebens. Er vergaß die Ereignisse, die ihm die Augen geöffnet hatten, nicht so schnell, und die Freude seiner Frau und seines Bruders kann man sich gut vorstellen.

Quellenhinweise

Herausgeberin und Verlag danken allen Verlagen, die die Erlaubnis zum Abdruck gegeben haben. Trotz aller Bemühungen konnten nicht alle Rechteinhaber festgestellt oder erreicht werden. Der Verlag verpflichtet sich, rechtmäßige Ansprüche jederzeit abzugelten.

Die sieben Schwestern, aus: Chinesische Märchen, hrsg. u. übers. v. Josef Guter, Fischer Taschenbuch Verlag GmbH, Frankfurt am Main 1973

Das kluge Gretel, aus: Die Kinder- und Hausmärchen der Brüder Grimm, Edition Deutsche Bibliothek, München 1983 (Textgrundlage dieser Auswahl: Hermann Grimm, Große Ausgabe, Berlin 1857)

Kate Knacknuß, aus: Englische Märchen, hrsg. u. übers. v. Manfred Heller, Herbig Verlag, München 1978

Die Kassette, aus: Französische Märchen, hrsg. u. übers. v. Ré. Soupault, Eugen Diederichs Verlag, Düsseldorf 1963

Die Groac'h von der Insel Lok, aus: Bretonische Märchen, hrsg. u. übers. v. Ré. Soupault, Eugen Diederichs Verlag, Düsseldorf 1979

Der Kuß, aus: Reise im goldenen Schiff. Märchen von den ägäischen Inseln, ges., übers. u. hrsg. v. Marianne Klaar, Erich Röth Verlag, Kassel 1977

Bhangāswana, aus: Indische Märchen, hrsg. u. übers. v. Johannes Hertel, Eugen Diederichs Verlag, München

Die Geschichte von Sigurd und seiner Schwester, aus: Märchen aus Island, hrsg. u. übers. v. Kurt Schier, Eugen Diederichs Verlag, Köln 1983

Als die Dämonen lachten, aus: Japanische Volksmärchen, hrsg. v. Horst Hammitzsch, übers. v. Ingrid Schuster u. Fritz Rumpf, Eugen Diederichs Verlag, Düsseldorf 1964

O Schläfer in der Nacht, aus: Märchen aus dem Jemen.

Mythen und Märchen aus dem Reich der Königin von Saba, hrsg. u. übers. v. Werner Daum, Eugen Diederichs Verlag, München 1983

Die Bärenprinzessin, aus: Jugoslawische Märchen, hrsg. u. übers. v. Joseph Schütz, Eugen Diederichs Verlag, München

Lüge um Lüge, aus: Koreanische Märchen, hrsg. v. Traute Scharf, Fischer Taschenbuch Verlag GmbH, Frankfurt am Main 1972

Schaman und Dschauhara, aus: Märchen aus dem Libanon, hrsg. u. übers. v. Ursula u. Jussuf Assaf, Eugen Diederichs Verlag, Köln 1978

Das Birkenmädchen, aus: Märchen aus der Mandschurei, hrsg. u. übers. v. Jörg Bäcker, Eugen Diederichs Verlag, München 1988

Annie Christmas, aus: Märchen des Schwarzen Amerika, hrsg. u. übers. v. Frederik Hetman, Fischer Taschenbuch Verlag GmbH, Frankfurt am Main 1974

Ishanihura, aus: Indianermärchen aus Nordamerika, hrsg. u. übers. v. Frederik Hetman, Fischer Taschenbuch Verlag GmbH, Frankfurt am Main 1970

Gold für Gold, aus: Nubische Märchen, hrsg. u. übers. v. Andreas u. Waltraud Kronenberg, Eugen Diederichs Verlag, Köln 1978

Laschín, aus: Das Buch aus reinem Silber. Eine Märchenreise vom Amur bis zur Wolga, ges. u. hrsg. v. Viktor Gazah, übers. v. Juri L. Elperin, Marion von Schröder Verlag, Düsseldorf 1984

Sarina und Bachodur, aus: Robia mit dem ellenlangen Haar. Liebesmärchen aus Tadschikistan, ausgewählt v. Welta Ehlert, Verlag Volk und Welt, Berlin/DDR 1986

Der Zwerg, aus: Märchen aus Italien, Spanien und Portugal, hrgs. v. Karl Rauch, übers. v. Ursula Rauch, entnommen aus der Ausgabe mit Genehmigung von Interbooks, Zürich, für den Verlag Olde Hansen, Hamburg, die Europäische Bildungsgemeinschaft Verlags GmbH, Stuttgart, und die Buchgemeinschaft Donauland, Wien, o. J.

Die goldene Lotosblume, aus: Ceylonesische Märchen, hrsg. v. Elena Chmelová, übers. v. Anna Fialová, dt. Bearb. v. Joachim Schmidt u. O. Werdan, Werner Dausien Verlag, Hanau 1988

Taile, aus: Südseemärchen, ges. u. hrsg. v. Paul Hambruch, Nachwort v. Barbara Scheer, Eugen Diederichs Verlag, Düsseldorf 1979

Die Hundebraut, aus: Füchse des Morgens – Märchen einer tibetischen Nomadenfrau, ges. u. übers. v. Margret Causemann, Eugen Diederichs Verlag, München 1986

Sabi-Chanum, aus: Kurdische Märchen, ges. v. Luise-Charlotte Wentzel, Nachwort v. Otto Spies, Eugen Diederichs Verlag, Düsseldorf 1978

Die Feenmaid, aus: Türkische Märchen, hrsg. u. übers. v. Adelheid Uzunoglu-Ocherbauer, Fischer Taschenbuch Verlag GmbH, Frankfurt am Main 1982

Brüder und Freunde, aus: Vietnamesische Märchen, hrsg. v. Pham Duy Khiom, übers. u. mit einem Vorwort v. Lothar Römbell, Fischer Taschenbuch Verlag GmbH, Frankfurt am Main 1968, hier abgedruckt mit freundlicher Genehmigung von Le Mercure de France, Paris

Irmgard Keun im dtv

Foto: Isolde Ohlbaum

Das kunstseidene Mädchen
Doris will weg aus der Provinz, die große Welt erobern. In Berlin stürzt sie sich in das Leben der Tanzhallen, Bars und Literatencafés – und bleibt doch allein.
dtv 11033

Das Mädchen, mit dem die Kinder nicht verkehren durften
Von den Streichen und Abenteuern eines Mädchens, das nicht bereit ist, die Welt einfach so zu akzeptieren, wie sie angeblich ist.
dtv 11034 / dtv großdruck 25050

Gilgi – eine von uns
Gilgi ist einundzwanzig und hat einiges satt: die Bevormundung durch ihre (Pflege-)Eltern, die »sich ehrbar bis zur silbernen Hochzeit durchgelangweilt« haben, die »barock-merkantile« Zudringlichkeit ihres Chefs und den Büroalltag sowieso. Da trifft es sich gut, daß sie sich in Martin verliebt. Doch als sie bei ihm eingezogen ist, kommen ihr Zweifel...
dtv 11050

Nach Mitternacht
Deutschland in den dreißiger Jahren. Ein Konkurrent hat Susannes Freund denunziert. Als er aus der »Schutzhaft« entlassen wird, rächt er sich bitter, und Susanne muß sich entscheiden...
dtv 11118

D-Zug dritter Klasse
In der Zeit des Nationalsozialismus treffen in einem Zug von Berlin nach Paris zufällig sieben Menschen aus unterschiedlichsten Gesellschaftsschichten und mit unterschiedlichsten Reisemotiven zusammen...
dtv 11176

Ich lebe in einem wilden Wirbel
Briefe an Arnold Strauss
1933 bis 1947
dtv 11229

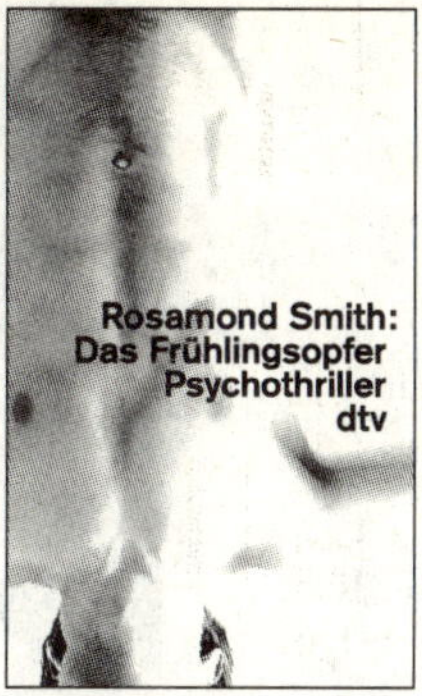

Marissa Piesman:
Kontaktanzeigen
dtv 11682
Leiche in bester Lage
dtv 11875

Zelda Popkin:
Rendezvous nach Ladenschluß
dtv 11559
Karrierefrauen leben schneller
dtv 11640
Die Tote nebenan
dtv 11804
Ein teuflisches Testament
dtv 12038

Suzanne Prou:
Die Schöne
dtv 11349

Joan Smith:
Schmutziges Wochenende
dtv 11387

Joan Smith:
Wer wohnt schon noch bei seinem Mann
dtv 11466
Ein häßlicher Verdacht
dtv 11550
Was Männer sagen
dtv 11978

Rosamond Smith:
Der Andere
dtv 11370
Das Frühlingsopfer
dtv 11859
Dein Tod – mein Leben
dtv 12001

Hannah Wakefield:
Die Journalistin
dtv 11542
Die Anwältin
dtv 11681

Hanneke Wijgh:
Tödliche Leidenschaften
dtv 12011

Margarete Zigan:
Möwenfutter
dtv 11684

Anthologien:

MordsFrauen
dtv 11377

Alle meine Mordgelüste
dtv 11647

Da werden Weiber zu Hyänen
dtv 11787

Mord am Fjord
dtv 11902

Blut in der Bassena
dtv 12018

Rafik Schami im dtv

Foto: Root Leeb

Das letzte Wort der Wanderratte
Märchen, Fabeln und phantastische Geschichten
dtv 10735
Warum brennt Momo mit J.R. durch? Wie legt ein kleiner Rabe einen Pfau aufs Kreuz? Was hat eine Wanderratte ihrem Volk zu sagen? Rafik Schami weiß sehr überraschende Antworten.

Die Sehnsucht fährt schwarz
Geschichten aus der Fremde
dtv 10842
Durch seine Märchen ist Rafik Schami berühmt geworden, aber in diesem Band erzählt er vom ganz realen Leben, zum Beispiel vom Heimweh und der Diskriminierung der Arbeitsemigranten.

Der erste Ritt durchs Nadelöhr
Noch mehr Märchen, Fabeln & phantastische Geschichten
dtv 10896

Das Schaf im Wolfspelz
Märchen & Fabeln
dtv 11026

Der Fliegenmelker und andere Erzählungen
dtv 11081
Geschichten aus dem Damaskus der fünfziger Jahre. Im Mittelpunkt steht der unternehmungslustige Bäckerjunge aus dem armen Christenviertel, der Rafik Schami einmal gewesen ist.

Märchen aus Malula
dtv 11219
Rafik Schami versteht es, in diesen Geschichten den Zauber, aber auch den Alltag und vor allem den Witz und die Weisheit des Orients einzufangen.

Erzähler der Nacht
dtv 11915
Salim, der beste Geschichtenerzähler von Damaskus, ist verstummt. Sieben einmalige Geschenke können ihn erlösen. Da schenken ihm seine Freunde ihre Lebensgeschichten …

Eine Hand voller Sterne
dtv 11973
Alltag in Damaskus. Über mehrere Jahre hinweg führt ein Bäckerjunge ein Tagebuch …